selbst ist der Mann

Rund um Haus und Garten

Das Heimwerkerbuch mit vielen farbigen Abbildungen

MOEWIG

Verlagsunion Erich Pabel-Arthur Moewig KG, Rastatt

Sämtliche Anleitungen und Abbildungen stammen, sofern nicht anders angegeben, aus dem Redaktionsarchiv der Zeitschrift „Selbst ist der Mann“, Köln. Alle Angaben zu Material, Anwendung und Verarbeitung wurden sorgfältig geprüft. Dennoch muß im Einzelfall entschieden werden, ob die Bauvorschläge für den konkreten Verwendungszweck geeignet sind. Der Verlag kann eine Haftung für Personen-, Sach- oder Vermögensschäden, die sich aufgrund von Arbeiten gemäß den in diesem Band gesammelten Anleitungen ergeben, nicht übernehmen.
Nachweis der Urheberrechte: S. 63-68: Lavinia-Wöhlbier; S. 69/70: Wohnidee; S. 91/92: Caparol-Farben/AEG-Elektrowerkzeuge/UHU/Hornitex.

4. Auflage

Originalausgabe

Redaktion: Gerrit Wöckener
Umschlagentwurf und -gestaltung: Werbeagentur Zeuner, Ettlingen
Umschlagfotos: Redaktionsarchiv „Selbst ist der Mann“
Auslieferung in Österreich:
Pressegroßvertrieb Salzburg Gesellschaft m. b. H.,
Niederalm 300, A-5081 Anif
Printed in Germany 1991
Druck und Bindung: Mohndruck
Graphische Betriebe GmbH, Gütersloh
ISBN 3-8118-8339-9

Inhalt

Gartenmöbel

Der Hocker

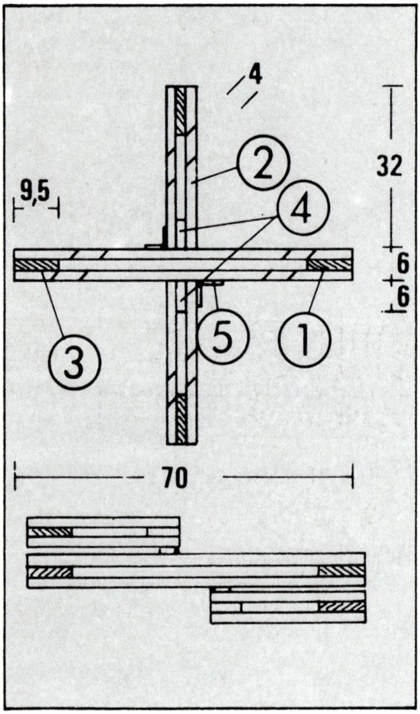

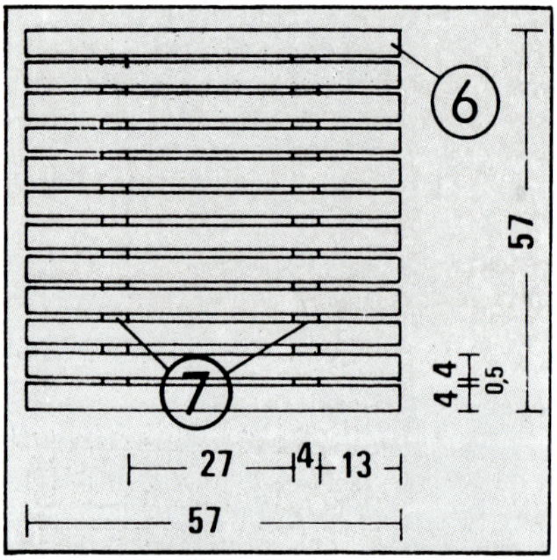

Aus der Zeichnung links ist die Anordnung der Scharniere deutlich zu erkennen, die dafür sorgen, daß das Untergestell so zusammengeklappt werden kann, wie das die untere kleine Zeichnung zeigt. Die Platte des Hockers besteht aus den beiden Längsträgern (7) und den Querleisten (6). Wie sie montiert werden sollten, zeigt unsere andere Detailzeichnung.

Wenn im Frühjahr die Temperaturen wieder freundlicher werden, laden Garten und Balkon zu gemütlichen Stunden in fröhlicher Runde ein, und man hält Ausschau nach bequemen Gartenmöbeln, die das „Garten-Leben" erst schön machen. Wir haben für Sie eine richtige Kollektion von Gartenmöbeln entworfen und gebaut. Kurz entschlossen sind wir in einen Heimwerkermarkt gefahren, haben uns umgeschaut, was es alles an normalem Material und Zubehör gibt, und dann erst für Sie gebaut. Das Ergebnis kann sich sehen lassen, meinen wir. Das gesamte Garten-Möbel-Programm, bestehend aus Sesseln, Tisch, Bank, Sonnenliege und Hocker oder Beistelltisch, läßt sich nach individuellen Platzverhältnissen beliebig variieren und zusammenstellen. Doch hören wir mit der Vorrede auf. Starten wir mit einem Möbelstück, das auf dem großen Foto zu Beginn dieses Beitrags nicht zu sehen ist, dem Hocker. Oder ist es ein Beistelltisch oder ein Blumenuntersatz oder . . .? Schon aus der Frage nach der Bezeichnung läßt sich auf die vielseitige Verwendungsmöglichkeit dieses Möbels schließen. Wir wollen damit anfangen, um vor allem denjenigen, die noch nicht allzuviel Übung in der Holzverarbeitung haben, die Möglichkeit zu geben, langsam einzusteigen.

Materialliste

Pos.	Anz.	Bezeichnung	Maße in mm	Material
1	2	Lange Querteile	700 × 90	
2	4	Kurze Querteile	320 × 90	Fichte
3	4	Aufrechte	380 × 90	20 mm
4	2	Zwischenstücke	60 × 90	
5	2	Scharniere	60 × 60 × 125	
6	12	Leisten	570 × 42	Fichte
7	2	Leisten	550 × 42	20 mm

44 Schrauben 3,5 × 35 mm.

Fangen Sie bei der Montage mit dem langen Teil des Untergestells an. Zuerst auf das lange Brett die kurzen Stücke mit etwas Leim und Nägeln anheften und dann mit dem Winkel ausrichten. Anschließend das zweite Querstück mit Leim und Schrauben befestigen.

Ebenso verfahren Sie bei der Montage der beiden kurzen Untergestell-Elemente. Damit die kurzen Zwischenstücke beim Nageln nicht reißen, sollte man die Nägel stauchen, das heißt mit dem Hammer leicht auf die Nagelspitzen schlagen.

Unser Tip: Setzen Sie bei der Ausarbeitung der Einkerbungen mehrere Schnitte mit dem Fuchsschwanz parallel nebeneinander; danach läßt sich das Holz besser mit dem Stechbeitel herausarbeiten.

Montieren Sie die Platte des Hockers fertig, bevor Sie versuchen, die Einkerbungen für die Querleisten anzureißen; das ist wesentlich einfacher und auch genauer, denn dann brauchen Sie die Platte nur auf das Gestell aufzulegen und können exakt arbeiten.

Der Sessel

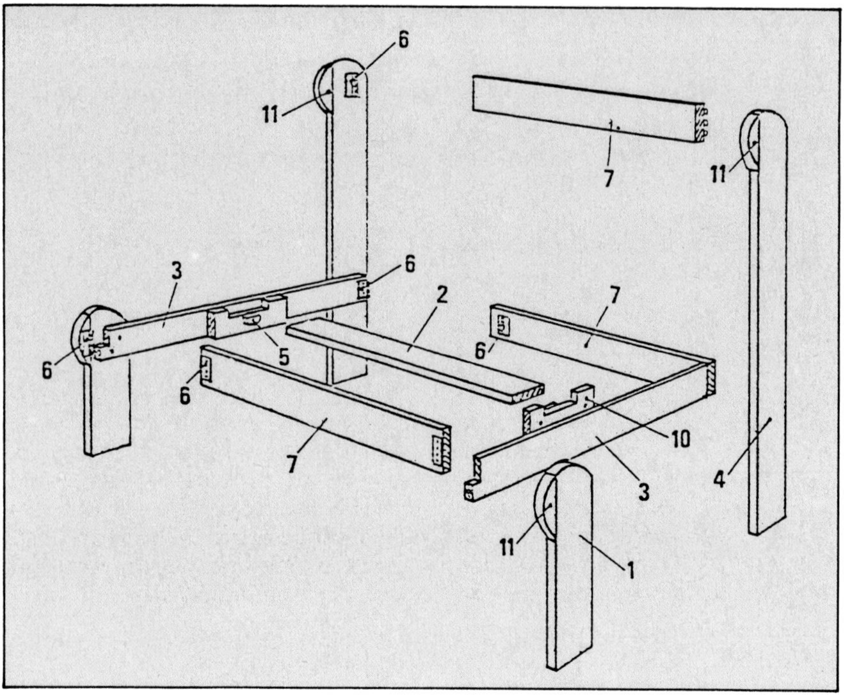

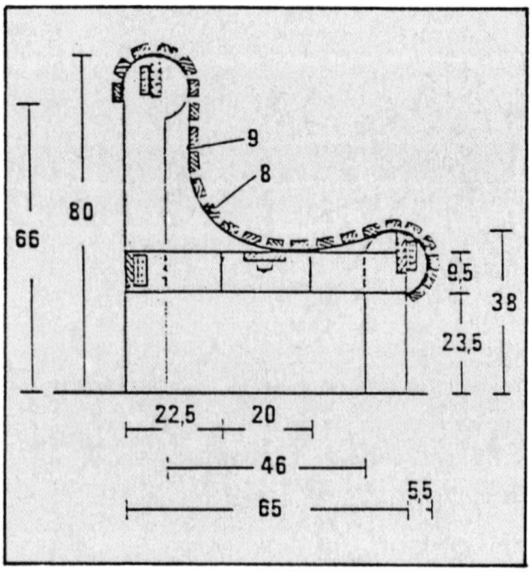

Nach dem Hocker nun der Sessel, der den Vorteil hat, nicht nur leicht von Gewicht zu sein, sondern sich auch leicht und platzsparend in den Winterschlaf wiegen zu lassen, da man ihn mit wenigen Handgriffen auseinandernehmen kann. Übrigens, sollte Ihnen der hier beschriebene Sessel mit seinen stattlichen 70 Zentimetern Breite zu groß geraten scheinen, dann hindert Sie nichts daran, sich für ein anderes Maß zu entscheiden. Sie müssen lediglich die Maße der Zwischenstücke des Gestells und der Leisten entsprechend verändern. Am Montageprinzip ändert sich dadurch nichts.

Wir haben den Arbeitsablauf in diesem Beispiel besonders ausführlich geschildert, um darauf bei der Gartenbank und den Liegen zurückgreifen zu können, die nach dem gleichen Prinzip konstruiert wurden.

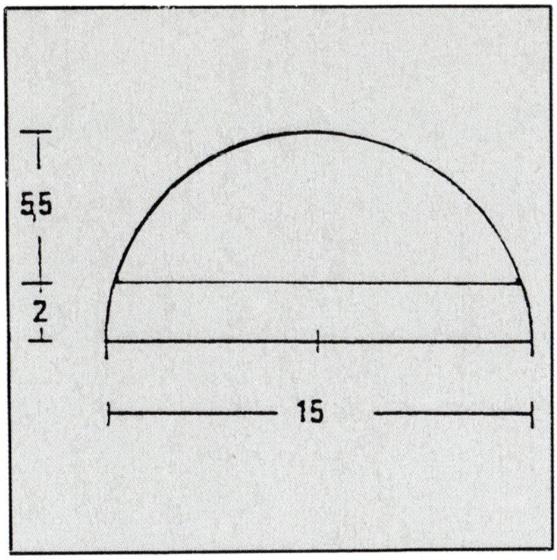

Die Rundungen an den „Vorderbeinen" und an der Rückenpartie sind nicht nur optisch gefällig, sondern prägen auch sehr stark den Sitzkomfort. Damit sie gleichmäßig ausfallen, sollte man sich gleich zu Beginn der Bauarbeiten eine Schablone anfertigen.

Und so wird die nach der Schablone gefertigte Rundung auf eins der Seitenteile oder Sesselbeine aufgeleimt. Den „letzten Schliff" im wahrsten Sinne des Wortes bekommen beide Teile erst, nachdem der Leim abgebunden hat. Dabei hilft ein Schleifteller.

Materialliste

Pos.	Anz.	Bezeichnung	Maße in mm	Material
1	2	Senkrechte vorne	380 × 90	Fichte 20 mm
2	1	Querteil Mitte	570 × 90	
3	2	Seitenteile quer	630 × 90	
4	2	Senkrechte hinten	800 × 90	
5	2	Trapezverbinder		
6	6	Bettbeschläge		
7	3	Querverbindungen	610 × 90	Fichte 20 mm
8	24	Leisten	700 × 40	
9	2	Rolladengurte	1300 × 220	
10	2	Auflageteile	200 × 90	Fichte 20 mm
11	4	Rundung für Senkrechte	150 × 90	

12 Schrauben 3,5 × 35 mm; 4 Schrauben 4 × 40 mm; Blauköpfe

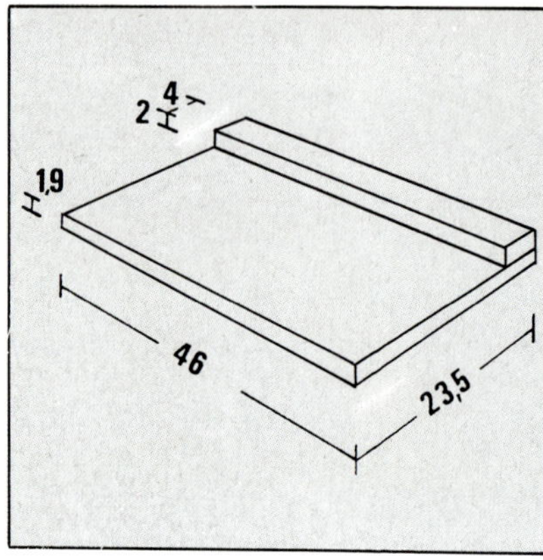

Vor dem Zusammenbau der Seitenelemente der Sessel sollten Sie sich einen Hilfsanschlag genau nach der Zeichnung bauen. Das erspart Ihnen ständiges Ausrichten der Teile nach dem Winkel und gewährleistet maßgerechtes Arbeiten bei der Montage.

Für die Befestigung der Querleiste der Rückenlehne (oben) genügen die preiswerten Trapezverbinder.

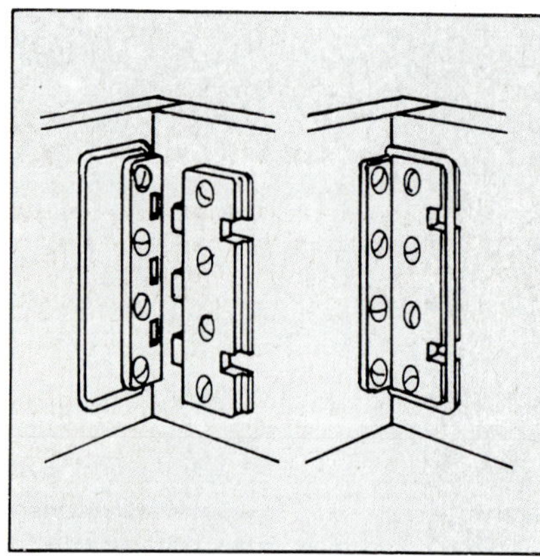

Die Bettbeschläge sind praktisch und leicht zu montieren, wenn man daran denkt, daß sie im geschlossenen Zustand angerissen und montiert werden müssen. Danach werden die beiden Gurte auf die Leisten genagelt – Abstandhalter aus 10-mm-Klötzchen nicht vergessen.

Der Tisch

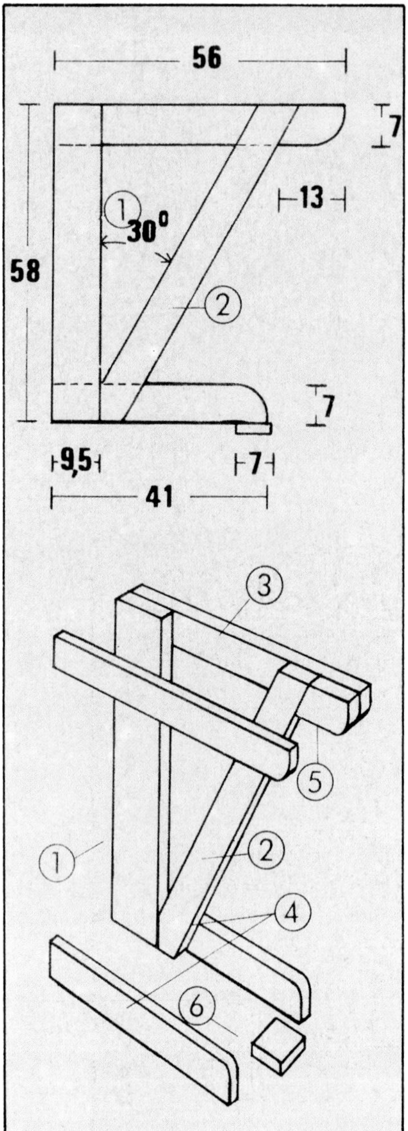

Unsere Zeichnungen machen deutlich, in welcher Reihenfolge die Kreuzteile montiert werden sollten.

Wir wollen Sie nicht bange machen, aber der Tisch ist von allen Gartenmöbeln das schwierigste Stück. Deshalb sollten Sie Ihren Tisch zuletzt bauen. Dann haben Sie schon eine Menge Routine, und auch dieses Möbelstück wird relativ schnell gelingen. Wenn Sie sich darüber hinaus auch hier an unserer Bildfolge orientieren, wird die Arbeit genauso schnell von der Hand gehen wie bei den anderen Stücken.

Bei beiden Tischen ist das Untergestell gleich, lediglich die Platten sind im Konstruktions-Aufbau ein klein wenig anders. Während bei der viereckigen Version nur 70 Millimeter breite Bretter für die Platte benötigt werden, müssen zum Beispiel die vier abschließenden Bretter bei der runden Platte 95 Millimeter breit sein, weil es für die vorgegebene Rundung sonst nicht reicht. Einen zweiten Unterschied gibt es bei den mittleren Auflagebrettern. Aus Gründen der Stabilität müssen es bei der runden Tischplatte in jedem der vier Felder zwei sein, wohingegen bei der viereckigen Form jeweils ein Brett ausreicht. Zwei Alternativen bieten sich bei der Befestigung der sogenannten Plattenbretter an: Entweder man vernagelt sie, nachdem man etwas Leim dazwischengegeben hat auf die Auflagebretter, oder wenn der Tisch stark der Witterung ausgesetzt ist, sollte man sie nur verschrauben, damit das Holz nicht reißt. Durch die vier Fixierleisten braucht die Tischplatte nur lose auf das Untergestell gelegt zu werden und stabilisiert dadurch gleichzeitig den ganzen Tisch; er ist somit jederzeit leicht demontierbar. Noch ein wichtiger Tip, der für alle Gartenmöbel gilt: Sollten Sie keine Kreissäge zum Ablängen der Bretter und Latten haben, lassen Sie sich das gesamte Holz entsprechend unserer Materialliste zuschneiden.

Die vier Kreuzteile des Tisch-Untergestells werden am besten, wie hier abgebildet, zusammengebaut.

Die Diagonalen des Kreuzteils schneidet man erst zum Schluß mit einer Feinsäge ab.

Materialliste

Pos.	Anz.	Bezeichnung	Maße in mm	Material
	Tischgestell (für beide Ausführungen gleich):			
1	4	Senkrechte	580 × 90	Fichte 20 mm
2	4	Diagonalen	690 × 70	
3	8	Querstücke oben	560 × 70	
4	8	Querstücke unten	410 × 70	
5	4	Zwischenst. oben	130 × 70	
6	4	Fußteile	70 × 70	
7	8	Scharniere	600 × 600 × 12,5	
64 Schrauben 3,5 × 35 mm.				
	Viereckige Tischplatte:			
8	4	Eck-Bretter	950 × 90	Fichte 20 mm
9	4	Bretter Mitte	700 × 90	
10	27 lfdm.	gehobelte Fichtenbretter	70 breit	
11	4	Fixierleisten	270 × 40	Fichte 18 mm
	Runde Tischplatte:			
12	4	Eck-Bretter	80 × 90	Fichte 20 mm
13	8	Bretter Mitte	550 × 70	
14	26 lfdm.	gehobelte Fichtenbretter	70 breit	
15	4	Außenrandbretter	800 × 90	
16	4	Fixierleisten	270 × 40	Fichte 18 mm

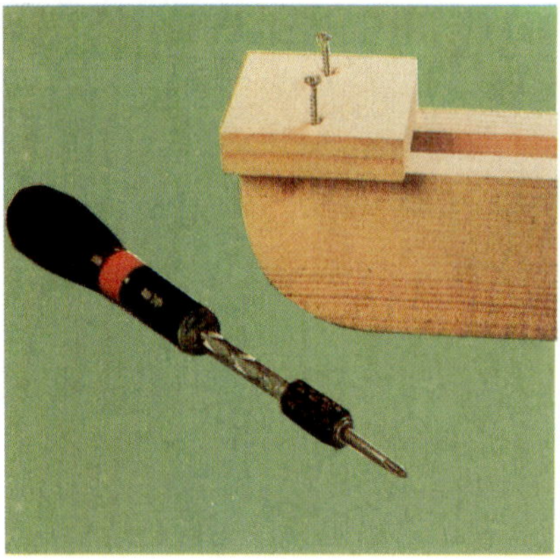

Beim Befestigen der Fußklötze sollte das Kreuzteil fest aufliegen. Außerdem empfiehlt es sich, die Löcher vorzubohren, um Risse zu vermeiden, die nicht nur die Verbindung schwächen würden, sondern auch Witterungseinflüssen Angriffsflächen bieten.

Bei zwei Scharnieren muß man den Stift unten abschleifen, damit sich das Gestell, wie auf der Zeichnung unten, zusammenklappen läßt.

Und so sieht das fertige Gestell ohne Platte aus. Gut zu erkennen die „Schlitze", die die Fixierleisten der Tischplatte aufnehmen werden.

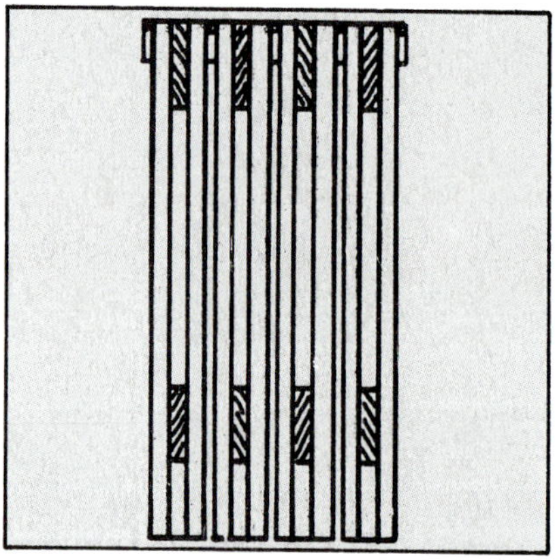

So, wie auf dieser Zeichnung demonstriert, muß sich das fertige Gestell zusammenklappen lassen, nachdem die beiden Stifte aus den Scharnieren (vgl. Foto oben) gezogen worden sind.

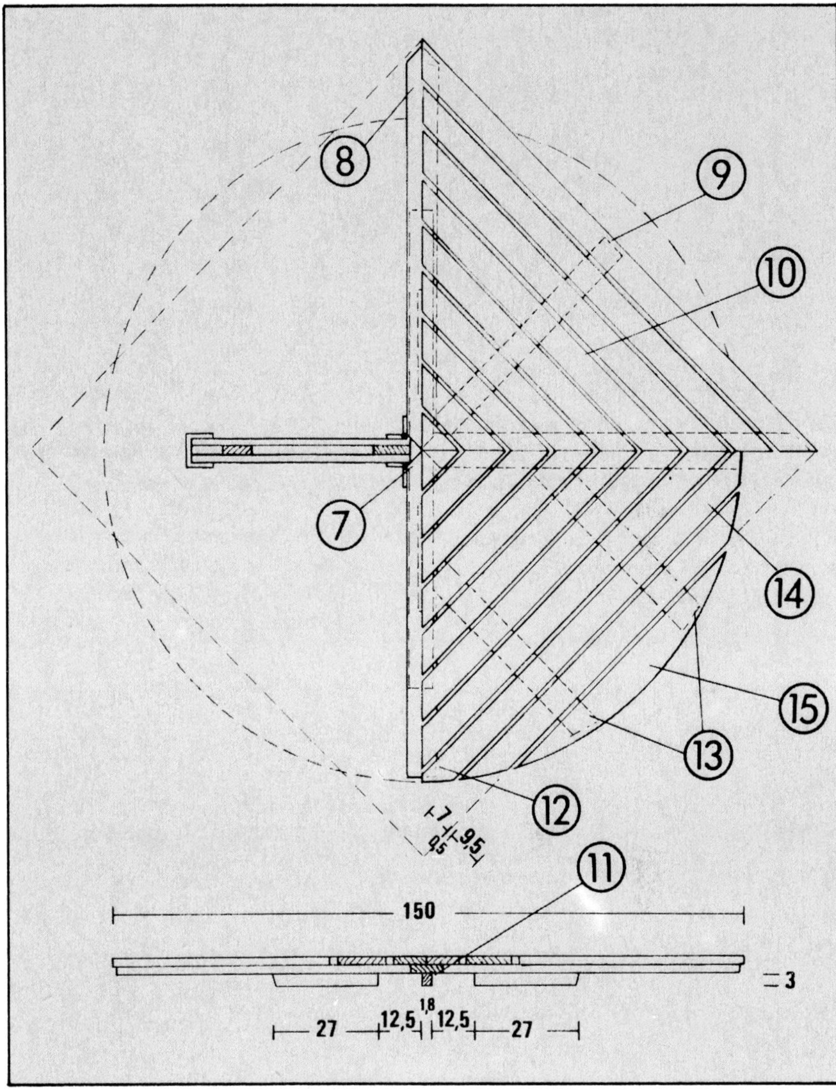

Die gestrichelten Linien zeigen die Unterschiede der beiden Tischformen. Obwohl sie grundsätzlich nach dem gleichen System aufgebaut sind, weichen Sie in der Konstruktion doch voneinander ab. Der runde Tisch benötigt aus Stabilitätsgründen pro Feld eine Brettauflage (13) mehr als die quadratische Version.

Die Fixierleisten (11) für die Tischplatte muß man zunächst an den vier Eck-Auflagebrettern (8) so befestigen, wie auf dem Foto zu sehen ist.

Dann legen Sie zwei Eckbretter auf das Grundkreuz, richten sie aus und befestigen sie mit Schraubzwingen.

Foto unten: Die quadratische Tischplatte von unten. Deutlich zu erkennen: die Fixierleisten, die in die Schlitze des Grundkreuzes greifen.

Bei der runden Tischplatte müssen erst die vier Felder nacheinander erstellt werden; dann befestigen Sie zur Verstärkung die acht mittleren kurzen Auflagebretter.

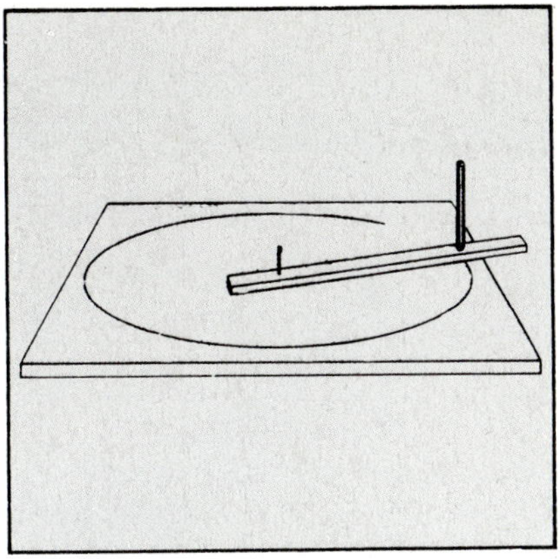

Jetzt folgt das Anreißen des Kreises, damit er schließlich mit der Stichsäge ausgeschnitten werden kann.

Unten: Der runde Tisch von unten gesehen. Gut zu erkennen: die etwas aufwendigere Konstruktion des runden Modells.

Ist das erste Feld fertig, wird das nächste mit dem Winkel ausgerichtet und das erste Brett mit zwei Zwingen arretiert. Dann wird mit auf Gehrung geschnittenen Brettern aufgefüllt.

Bei beiden Tischformen sollten alle Auflagebretter erst zum Schluß auf Länge geschnitten werden. Unser Foto macht noch einmal deutlich, daß bei der viereckigen Form in jedem Feld nur ein mittleres Auflagebrett nötig ist.

Die Sonnenliege

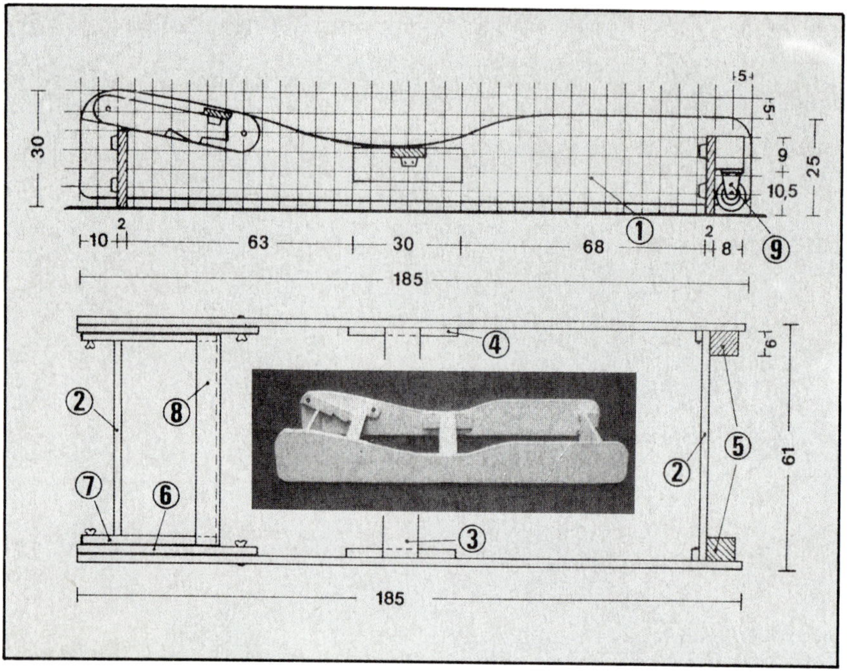

Mit Hilfe unserer Rasterzeichnung ist die Übertragung der Form recht einfach. Erst ein Seitenteil ausschneiden und dann auf das zweite Teil übertragen, damit beide Formstücke deckungsgleich werden. Zum Weiterbearbeiten die Stücke mit Zwingen zusammenspannen.

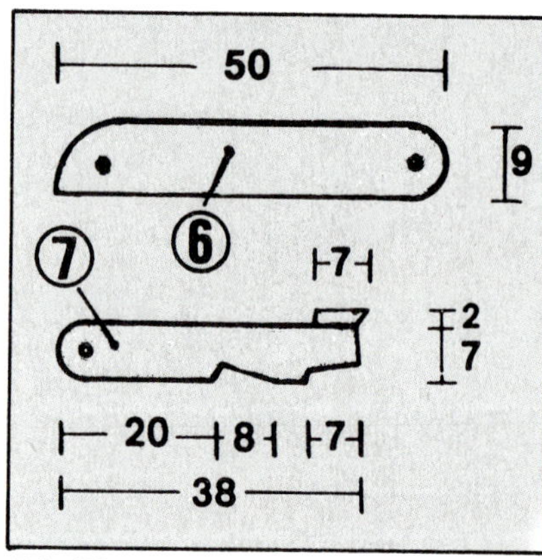

Die Elemente der verstellbaren Kopfstütze, wie in der Zeichnung angegeben, ausschneiden. Bei der Montage erst die äußere Stütze jeweils am Seitenteil anpassen und dann die Innenstützen zusammen mit dem Querstück anbringen.

Für Sonnenanbeter haben wir diese praktische und bequeme Sonnenliege konzipiert. Durch die verstellbare Kopfstütze paßt sie sich jeder Körperform und -größe an. Am Kopfteil angehoben, läßt sie sich kinderleicht immer der Sonne „nachfahren". Durch das Montageprinzip mit Trapez- oder Bettverbindern ist sie fürs Überwintern auch wieder schnell demontiert. Sollten Sie eine überdachte Terrasse oder ausreichend Abstellraum haben, können Sie den Zusammenbau mit einfachen und preiswerten Stuhlwinkeln ausführen. Die eigentliche Liegefläche wird wie bei unseren Gartensesseln mit gehobelten Leisten erstellt. Bevor Sie diese mit Blauköpfen an den beiden Rolladengurten befestigen, müssen sie erst fertig lackiert werden. Ein Tip: Mit kleinen Holzstückchen erreicht man bei der Lattenmontage stets gleiche Abstände. Die ersten drei Latten werden am Kopfteil fest verschraubt. Die erste und die letzte Latte der beweglichen Liegefläche ebenfalls anschrauben.

Materialliste

Pos.	Anz.	Bezeichnung	Maße in mm	Material
1	2	Seiten	1850 × 270	Fichte 20 mm
2	2	Querstücke außen	610 × 200	
3	1	Querstück innen	610 × 90	
4	2	Auflagen	300 × 90	
5	2	Klötze für Rollen	90 × 80	Fichte 60 mm
6	2	Klappenstützen außen	500 × 90	Fichte 20 mm
7	2	Klappenstützen innen	380 × 70	
8	1	Querstück	570 × 70	
9	2	Rollen starr	105 hoch	

4 Messingschrauben 6 × 45 mm und dazu Unterlegscheiben und Hutmuttern; 10 Trapezverbinder; 2 Rolladenbänder 2300 × 22 mm; 41 Auflageleisten 40 × 20 mm; 20 Schrauben 40 × 25 mm.

Astlöcher sollten Sie am besten gleich ausbohren und wieder mit Astlochplättchen (im Fachhandel erhältlich) zuleimen.

Das mittlere Querstück wird mit Trapezverbindern an den Seitenteilen befestigt. Wichtig ist die seitenrichtige und genaue Montage der beiden Auflagebretter, damit die Liege später nicht wackelt.

Die Rollenklötze sind so angebracht, daß die Liege sich nur fahren läßt, wenn sie am Kopfende angehoben wird. Klötze mit Leim und Schrauben befestigen.

Der Verstellmechanismus der Kopfstütze: Natürlich kommt es dabei ganz entscheidend auf genaues Arbeiten an, sonst ruht Ihr Kopf leicht windschief.

Die Leseliege

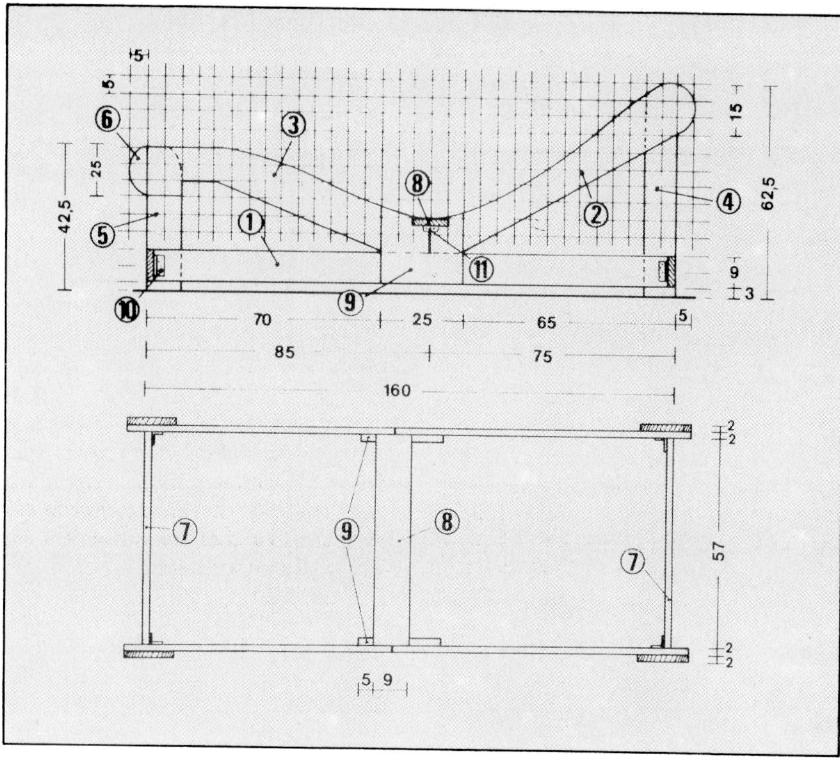

Zugegeben, diese Leseliege ist nicht ganz einfach, aber mit etwas Geschick schaffen auch Sie das. Der Aufbau ist ähnlich wie bei unserer Gartenbank, die wir auf den nächsten Seiten vorstellen. Lediglich die beiden Teile für die Kopf- und Fuß-Schräge sind etwas schwieriger in der Anfertigung. Wie bei der vorherigen Sonnenliege müssen Sie hier für diese Teile wieder jeweils zwei Bretter zusammenleimen, die dann erst anschließend in Form gebracht werden können. Dies sollte aber mit Hilfe unserer Rasterzeichnung kein allzu großes Problem sein. Auch diese Liege können Sie entweder demontierbar oder festverschraubt zusammenbauen. An Konstruktion und Materialmaßen ändert sich dadurch nichts. Die Liegefläche wird wieder mit Hilfe von Rolladengurten und gehobelten Latten erstellt. Wenn Sie allerdings auf die Demontierbarkeit verzichten, können die Latten direkt auf das Untergestell geschraubt werden, dann wird's einfacher.

Im rechten Winkel werden die aufrechten Streben mit der unteren Querstrebe des Untergestells verschraubt und verleimt. Wenn Sie genug Leim angeben, genügen zwei Schrauben.

Für die äußeren Querstreben sollten wieder die stabileren Bettverbinder genommen werden. Diese Abbildung macht deutlich, wie die Diagonale mit den aufrechten Streben verbunden ist: Leim und drei Schrauben.

Materialliste

Pos.	Anz.	Bezeichnung	Maße in mm	Material
1	2	Seiten unten	1560 × 90	Fichte 20 mm
2	2	Kopfschrägen	950 × 150	
3	2	Fußschrägen	950 × 180	
4	2	Kopfstützen	625 × 90	
5	2	Fußstützen	425 × 90	
6	4	Rundungen	150 × 55	
7	2	Querteile außen	610 × 90	
8	1	Querteil innen	570 × 90	
9	2	Auflagen Mitte	250 × 230	
10	4	Bettverbinder		
11	2	Trapezverbinder		
	40	Auflageleisten	700 × 40	Fichte 20 mm
	2	Rolladenbänder	2300 × 22	

32 Schrauben 3,5 × 20 mm und 8 Schrauben 4 × 25 mm.

Ohne Zweifel ist bei dieser Liege das Anreißen der Diagonalen der schwierigste Teil. Nachdem jeweils zwei Bretter miteinander verleimt wurden, legt man sie so an, wie unsere Ausschnittvergrößerungen (in den Kreisen oben und unten) deutlich machen. Zuerst unten die waagerechte Linie anreißen und abschneiden, dann die senkrechte im rechten Winkel. Erst dann die entgegengesetzte Diagonale entsprechend anpassen und zuschneiden. Zum Schluß die beiden Formen übertragen und mit der Stichsäge ausschneiden.

Die Gartenbank

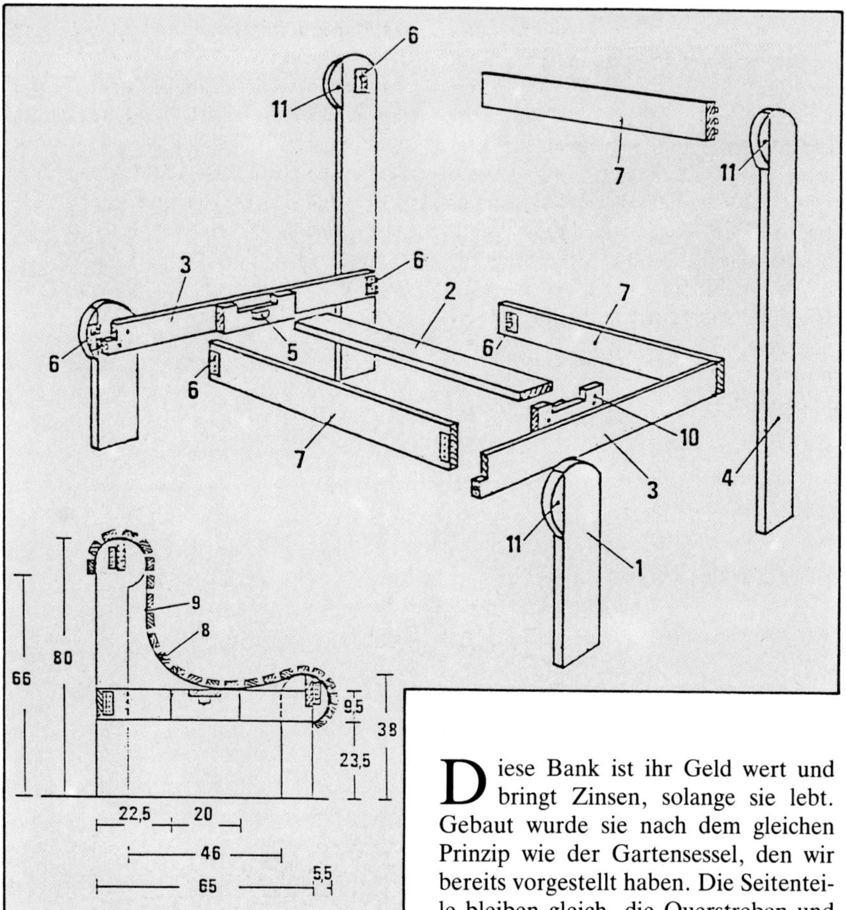

Die Latten-Sitzfläche wird einfach mit vier Holzschrauben an den senkrechten Streben befestigt. Wichtig: Vor der Endmontage lackieren, sonst sind viele Stellen nur schwer oder gar nicht mehr zugänglich.

Diese Bank ist ihr Geld wert und bringt Zinsen, solange sie lebt. Gebaut wurde sie nach dem gleichen Prinzip wie der Gartensessel, den wir bereits vorgestellt haben. Die Seitenteile bleiben gleich, die Querstreben und die Latten von Sitzfläche und Rückenlehne sind nur etwas länger als bei dem Sessel.

Falls Sie also den Sessel schon gebaut haben sollten, werden Sie mit der Gartenbank nicht die geringsten Schwierigkeiten haben. Andererseits, wenn Sie die Bank bauen wollen, finden Sie bei der Beschreibung für den Gartensessel noch zusätzliche Informationen.

Für alle hier gezeigten schönen Gartenmöbel möchten wir noch einmal ausdrücklich darauf hinweisen: Stellen Sie erst alle Einzelteile fertig – und zwar mit dem kompletten Anstrich –, bevor Sie sich an die Montage machen. Einige

Ecken sind nach dem Zusammenbau nicht mehr mit dem Pinsel zu erreichen, aber dennoch zu sehen, was dann unschön wirkt.
Und hier noch ein paar Angaben zum Ablauf des Selbstbauens: Am besten beginnen Sie damit, zunächst eine Schablone für die Rundungen herzustellen, die Ihnen das Anreißen der Abschlüsse der Beine wesentlich erleichtern wird (vgl. Foto in der Anleitung für den Gartensessel). Die Rundungen selbst bekommen ihren letzten Schliff am muskelschonendsten mit dem Schleifteller – Handarbeit mit Feile und Schleifklotz klappt aber auch.
Dann werden die Auflagestücke für die Mittelstrebe montiert – Achtung: Sie benötigen eine linke und eine rechte Seite, also nicht beide identisch anfertigen! Nachdem die restlichen Teile gemäß unserer Zeichnung fertiggestellt und lackiert sind, geht es an die Montage der Sitzfläche und Rückenlehne, die in Art eines Holzrollos konstruiert werden, indem man die Latten mit Blauköpfen auf Rolladengurte nagelt.

Materialliste

Pos.	Anz.	Bezeichnung	Maße in mm	Material
1	2	Senkrechte vorne	380 × 90	Fichte 20 mm
2	1	Querteil Mitte	1270 × 90	
3	2	Seitenteile quer	630 × 90	
4	2	Senkrechte hinten	800 × 90	
5	2	Trapezverbinder		
6	6	Bettbeschläge		
7	3	Querverbindungen	1310 × 90	Fichte 20 mm
8	24	Leisten	1400 × 40	
9	2	Rolladengurte	1300 × 22	
10	2	Auflageteile	200 × 90	Fichte 20 mm
11	4	Rundungen für Senkrechte	150 × 90	

12 Schrauben 3,5 × 35 mm; 4 Schrauben 4 × 40 mm; Blauköpfe.

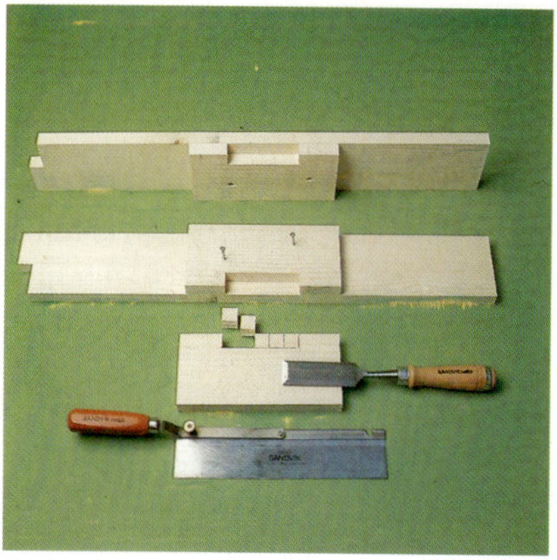

Beim Montieren der Auflagestücke kann man sehr leicht übersehen, daß man zwei verschiedene braucht, nämlich ein linkes und ein rechtes.

So werden die Rolladengurte auf den Leisten befestigt: mit mindestens zwei Blauköpfen je Latte, die versetzt eingeschlagen werden. Als Montagehilfe empfiehlt es sich, 10 mm starke Klötzchen zwischen die Latten zu legen, um den gleichen Abstand sicherzustellen.

Anstrich ganz nach dem eigenen Geschmack. Auf die Kombination kommt es natürlich an, und es lohnt sich daher, sich die Zusammenstellung vor dem Streichen gründlich zu überlegen.
Wir verwendeten umweltfreundliche Acrylfarben, die wasserlöslich und dennoch widerstandsfähig gegen Witterungseinflüsse sind, sobald sie vollständig abgebunden haben. Abgesehen vom Voranstrich sollten Sie mindestens noch zwei Lackanstriche mit unverdünnter Farbe auftragen.

Die Grill- und Küchenzeile

Sie haben sicherlich nie mitgezählt, wie oft Sie schon zwischen Küche, Keller und Hollywood-Schaukel hin und her gelaufen sind, wenn sich's anbot, beim schönen Wetter auch draußen den Tisch zu decken. Sparen Sie sich doch die langen Wege für die Zukunft und ziehen Sie an der windgeschützten Ecke Ihrer Terrasse eine wetterfeste Grill- und Küchenzeile hoch. Die alte Geschirr-Garnitur und der ausrangierte Kühlschrank kommen in den gekachelten Stauräumen zu neuen Ehren. Niemand wird mehr „zur Feier des Tages" für Stunden in die Küche verbannt. Im Gegenteil, den gemischten Salat können Sie auch bei einem Schwätzchen mit den Gästen frisch zubereiten. Gläser und Teller lassen sich zwischendurch spülen, und die Fliesen nehmen bei der Reinigung auch einen kräftigen Wasserschwall nicht übel. Achten Sie beim Installationsmaterial darauf, daß es für den Außenbereich zugelassen ist. Dichten Sie Zwischenräume und Dehnungsfugen sorgfältig mit Silikon ab, dann können auch größere Temperaturschwankungen Ihrer Sommer-Residenz für lange Zeit nichts anhaben.

Kleine Mauern aus Gasbeton oder Kalksandsteinen tragen Arbeitsplatten und Frontblenden aus wasserfest verleimter Spanplatte (ca. 25 mm stark). Die Winkelverschraubungen werden später vom Putz verdeckt. Nachdem der Mörtel gut abgebunden hat, erhalten die Wände vollflächig eine Tiefengrundierung, damit Sie . . .

. . . den sogenannten Landhausputz auf Mauern und Wände von unten nach oben aufziehen können.

Im Dünnbett werden Fliesen mit elastischem Kleber auf den vorher leicht angeschliffenen Platten verlegt. Auch der gesamte Bodenbereich sollte in gleicher Weise pflegeleichte und frostsichere Fliesen erhalten.

Achten Sie darauf, die Abbindezeit des Klebers genau einzuhalten, bevor Sie mit dem nächsten Arbeitsgang, dem Einrakeln des Fugenbreis, beginnen.

Die schützende Dachkonstruktion besteht aus 80 × 80-mm-Kanthölzern, die entsprechend auf Gehrung geschnitten und zusammengebaut werden müssen. Es empfiehlt sich, die Eckverbindungen durch 10-mm-Holzdübel zu verstärken.

Wetterfester Holzleim wird an Auflageflächen und Runddübel gegeben. Gegen seitliches Verschieben sollte man die frischen Leimstellen mit Hilfe von Tackerklammern sichern. Nun kann das Holz je nach Geschmack und passend zu den Fliesen lasiert werden. Wir haben eine Ebenholz-Lasur aufgebracht, die gut mit den hellen Fliesen und dem weißen Putz kontrastiert. Die dachtragenden Kantholzdreiecke werden dann mit Fensterrahmen-Dübeln im Durchsteckverfahren auf der Wand verankert.

Den Abstand der gehobelten Dachlatten bestimmt die Größe der gewählten Dachpfannen. Da die Freiluftküche sinnvollerweise ihren Platz in einer windgeschützten Ecke finden sollte, reicht diese Bedachung völlig aus.

Die Stauräume unter den Arbeitsflächen werden mit fertig zugeschnittenen Lamellentüren verblendet. Nach der Grundierung sorgt Kreppband für eine exakte Abgrenzung. Übrigens, das Kopfholz der Türen sollte mehrfach gestrichen werden.

Der Grill

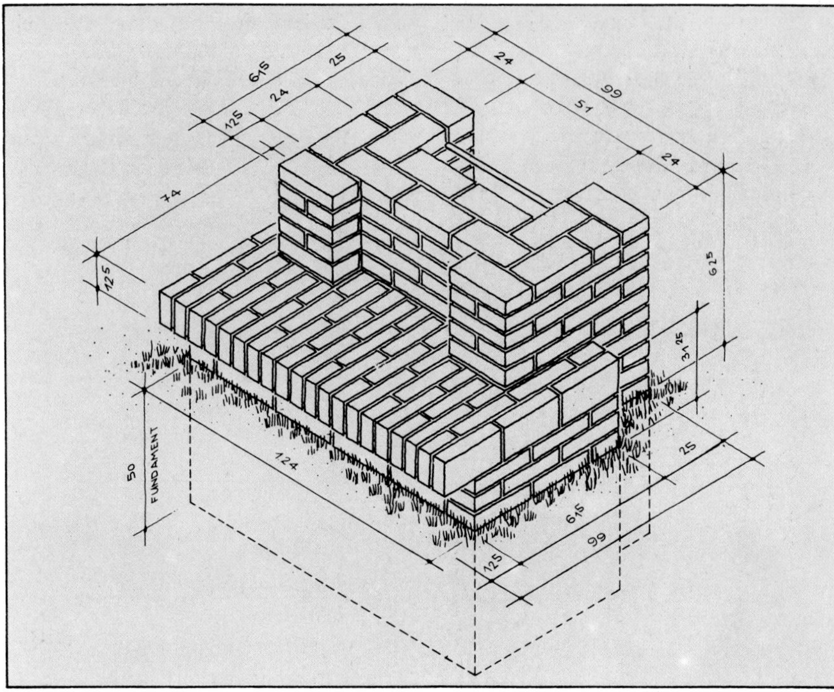

Keine Frage – der gemauerte Garten-Grill aus Röben-Handformziegeln findet sicher ungeteilte Bewunderung. Und das nicht zuletzt, weil es ein „gesunder" Grill ist. Die Holzkohle befindet sich in einem Glutkorb. Fett kann nicht ins Feuer tropfen. Selbst ein im Mauern noch ungeübter Heimwerker wird nach der Zeichnung sicherlich wenig Probleme beim Nachbau haben.

Zuerst wird ein 500 mm hohes Betonfundament gegossen. Die nötige Schalung so vorbereiten, daß an der Rückseite zwei Vorsprünge entstehen, zwischen denen dann im gemauerten Teil eine Eisenstange eingelassen werden kann. Dort findet das Grillbesteck seinen Platz.

Die fertige Schalung setzen Sie zur Hälfte in die Erde. Dann kommt der Beton hinein, im ganzen etwa 600 Liter. Wer keinen Fertigbeton nehmen will, der mischt sich Kies und Zement im Verhältnis von 3 : 1 selbst.

Bereits am nächsten Tag kann ausgeschalt werden. Die erste Lage Steine legt man dann zunächst am besten lose aus. Bei 10 mm Fugenstärke erreichen Sie den vorgesehenen Überstand des gemauerten Teils von rundum etwa 35 mm. Nun zuerst einen Ring von drei Steinlagen mauern. Mit Fertigmörtel geht es am leichtesten. Dann stimmt die Mischung von vornherein ohne langes Rechnen. Der nun in der Mitte entstehende Hohlraum wird wieder mit Beton ausgegossen.

Jetzt folgt eine Lage hochkant stehender Steine, die die Feuerplatte bilden. Im eigentlichen Feuerbereich wird mit Kalkmörtel gearbeitet. Er ist wesentlich hitzebeständiger als Zementmörtel. Zuletzt ziehen Sie den oberen Teil, der die Form eines Doppel-T aufweist, hoch.

Mit der letzten Steinlage wird die Eisenstange eingelegt.
Während des Mauerns müssen Sie ständig darauf achten, daß die rauhe Oberfläche der Steine nicht durch Mörtelreste verschmutzt wird. Kleine Mörtelpartikel sofort abfegen. Einen Tag nach Fertigstellung werden die Fugen mit sehr trocken angemischtem Mörtel noch sauber ausgefugt. Jetzt wartet der Grill nur noch auf seine Einweihung.
An Material brauchen Sie: 250 Stück Handform-Verblender von Röben, ca. 600 l Beton, 3 Sack Fertigmörtel, 1 Rundeisen 10 mm ∅, 55 cm lang.

Die Holzschalung für den Sockel wird vorbereitet und dann halb in den Boden eingelassen.

Am nächsten Tag kann man die Schalung abnehmen und den gemauerten Teil hochziehen.

Grillspieß und -rost werden fertig gekauft. Sie sitzen in einer beweglichen Dreibein-Halterung.

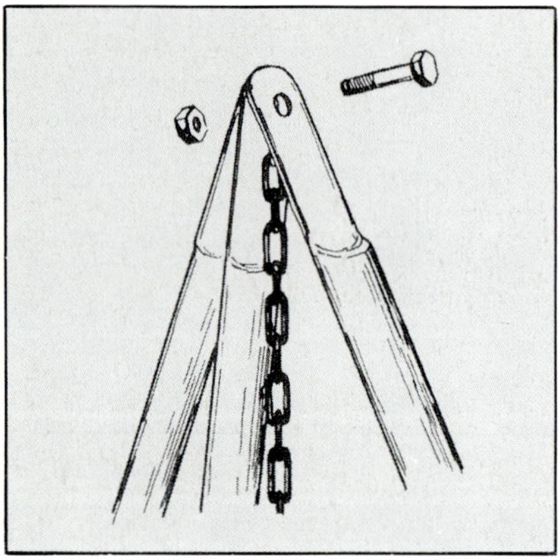

Der Schwenk- oder auch Dreibeingrill läßt sich innerhalb von Minuten aufstellen und sehr platzsparend verstauen. Man kann ihn aus massiven Eisenstangen fertigen oder man nimmt einfach drei dünne Rohre, klopft sie oben platt, durchbohrt und befestigt sie sowie die Eisenkette mit einer durchgehenden Schraube. Der fertig gekaufte Rost hängt an drei Ketten, die in die Hauptkette eingeklinkt werden.

Die Gartentheke

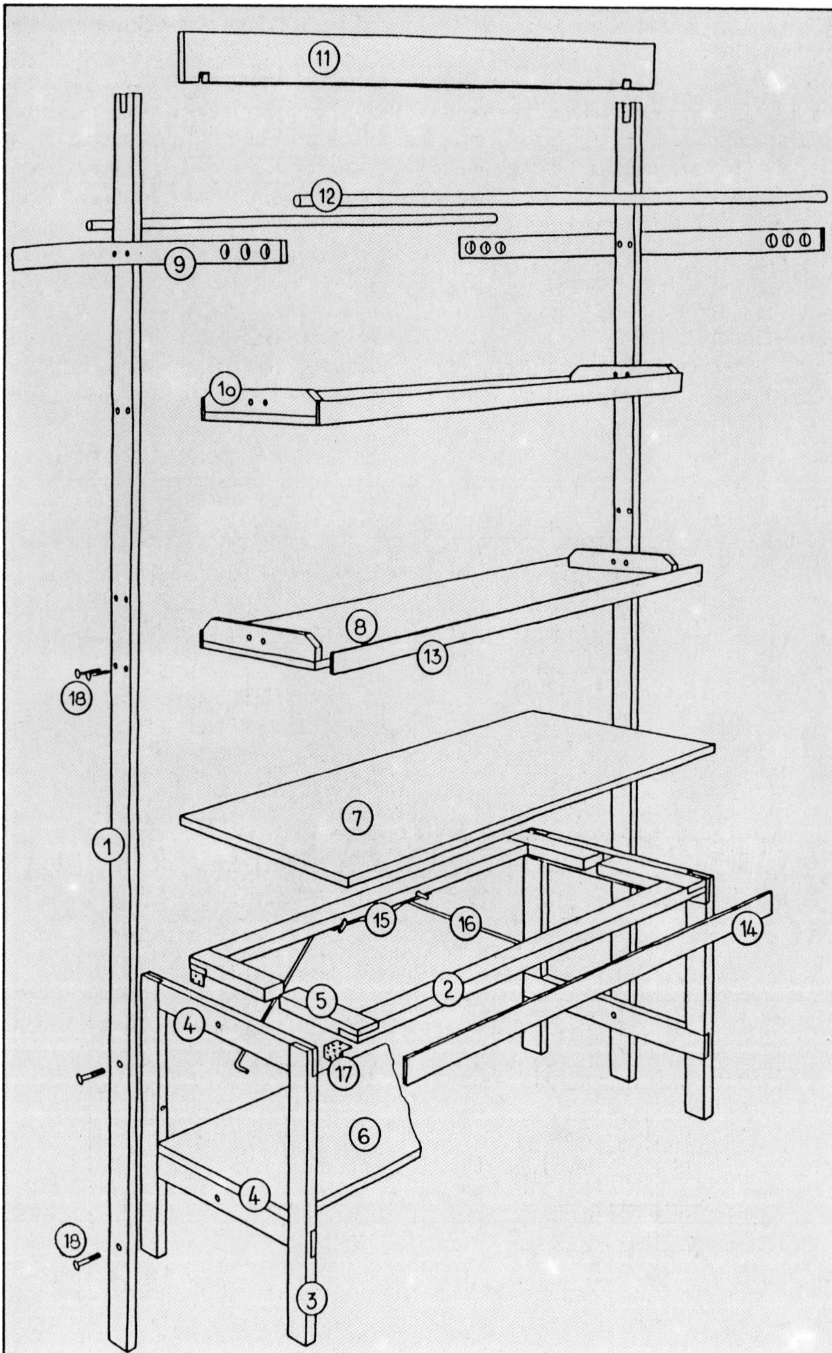
11
12
9
10
8
13
18
7
1
15
16
14
2
5
4
17
6
4
18
3

Der Grill ist die Voraussetzung für die Köstlichkeiten vom Holzkohlenfeuer. Allerdings steht er in der Regel im Abseits, um die Gäste nicht mit seinem Rauch zu belästigen. Da sammelt man sich schon eher um den Platz, an dem es die Getränke gibt. Hier unser Vorschlag für eine Gartentheke. Daß man sie auch noch lustig dekorieren kann, beweist unser Foto auf Seite 43 – ein paar Tips dazu finden Sie, wenn Sie umblättern.

Gartenmöbel sind Saison-Möbel. Im Winter sollen sie möglichst platzsparend in der Garage verschwinden. Unter diesem Gesichtspunkt haben wir die Gartentheke konstruiert. Der Tisch besteht aus einem Lattengerüst mit aufgeschraubter Platte und losem Boden. Nimmt man den Boden heraus, lassen sich die Seitenteile an Scharnieren hochklappen. Die zwei Klammern aus Moniereisen, die dem Tisch Stabilität verleihen, werden vorher herausgezogen.

Zwei mit Schloßschrauben befestigte Stützen verbinden Tisch mit Hängeböden und Markisendach. Die Rundstäbe

Materialliste

Pos.	Anz.	Bezeichnung	Maße in mm	Material
1	2	Stützen	2300 lang	Tanne 50 × 30 mm
2	2	Querlatten	1200 lang	
3	4	Fußlatten	740 lang	
4	4	Querlatten	560 lang	
5	4	Querstücke	260 lang	
6	1	Einlegeboden	1200 × 460	Spanplatte 19 mm
7	1	Deckplatte	1200 × 560	
8	2	Hängeböden	1200 × 300	
9	2	Querträger	1200 lang	Tanne
10	4	Abschlußleisten	300 lang	50 × 20 mm
11	1	Markisenträger	1350 lang	Tanne 80 × 20 mm
12	2	Rundstäbe	1350 lang	Buche 28 mm ∅
13	4	Abschlußleisten	1200 lang	Tanne 40 × 8 mm
14	1	Abschlußleiste	1200 lang	Tanne 50 × 10 mm
15	2	Brettchen	50 × 10	Limba 8 mm
16	2	Klammern	ca. 600 lang	Moniereisen 8 mm ∅
17	4	Scharniere	50 × 35	
18	16	Schloßschrauben	M5 × 70	m. U-Scheibe u. Flügelmuttern

SPAX-Schrauben; Markisenstoff 120 × 150 cm; Holzleim.

für die Markise werden lose eingesteckt, die Hängeböden ebenfalls mit Schloßschrauben angebracht. Wer mag, verleiht der Theke durch einen farbigen Anstrich eine besondere Note.
Girlanden und Lampions runden die Atmosphäre bei einem Gartenfest ab. Für unsere Vorschläge brauchen Sie Krepp-Papier, farbiges Tonpapier sowie Transparent- und Pergamentpapier. Die bunten Vögel, Schmetterlinge und Käfer werden aus Tonpapier zusammengeklebt. Der linke Schmetterling besitzt Flügel aus gefaltetem Transparentpapier. Für die Lampions brauchen Sie je eine Käsedose, aus der wir mit Transparentpapier einen Zylinder formen. Darauf kommt das aufgeschlitzte Tonpapier. Das Windlicht unten besteht aus einer geschachtelten Pergamentscheibe, deren Knickstellen verklebt wurden.

Der Profi-Grill

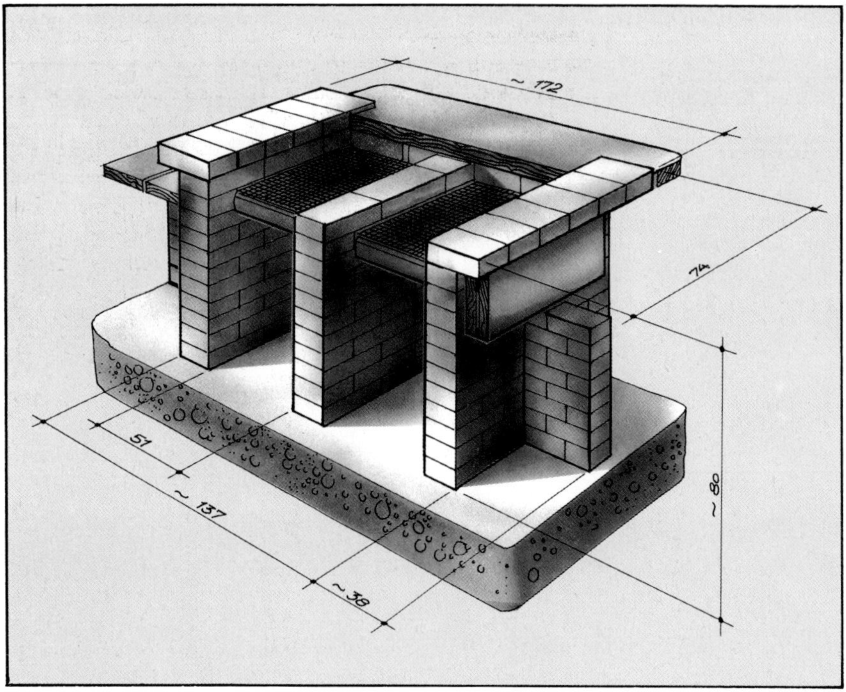

Die Grundmaße unserer Grill-Theke. Wer auf die Holzablagen verzichten möchte, läßt die seitlichen Ausleger weg und mauert auch die oberste Steinlage hinten quer. Auf die Fundamentplatte sollten Sie aber auf keinen Fall verzichten!

Liebäugeln Sie auch schon lange mit dem Vorhaben, einen richtig zünftigen Grill für den Garten zu bauen? Einen Grill, der bei der Sommer-Fete absoluter Mittelpunkt des Geschehens ist? „Selbst ist der Mann" hat ihn, den attraktiven Vorschlag. Denn seien wir ehrlich: Anleitungen zum Bau eines Gartengrills haben Sie schon hundertmal gesehen. Aber irgendwie war es nie das Richtige. Zu kompliziert, zu wenig variabel – und vor allem immer das gleiche Prinzip des eigentlichen Grillens: viel Rauch, viel Gestank, unappetitlich verkohlte Roste. Nicht zu vergessen die eindeutig nachgewiesene Gesundheitsgefährdung durch das verbrennende Fett. Beim Grillen direkt über der Holzkohle entstehen nämlich die sogenannten Benzypyrene, höchst gefährliche, weil krebserregende Substanzen. Solche Erkenntnisse können einem den richtigen Spaß am Grillen natürlich gründlich verderben.

Wie Sie es appetitlicher und gesünder machen können, zeigt das Herzstück der flotten Grill-Theke. Hier finden Sie einen Grilleinsatz aus reinem Edelstahl, der gleich drei Riesenvorteile miteinander vereint: Er rostet nicht und ist leicht zu reinigen, er läßt kaum Fett in die Glut tropfen, und er fängt in seinen Rillen den hervorragend schmeckenden Bratensaft selbsttätig auf. Daß sich außerdem die Höhe des Rostes mühelos und sicher verstellen läßt, ist ein weite-

Auf dem Foto gut zu erkennen: die etwa 200 bis 250 mm starke Fundamentplatte aus Magerbeton. Darauf wurde hier schon die erste Lage Steine aufgebracht und darauf wiederum eine Bitumen-Sperrschicht.

rer Pluspunkt. Kurzum – eine wirklich durchdachte und überzeugende Grill-Idee.

Daß Sie diesen Edelstahl-Grilleinsatz nicht selbst herstellen können, leuchtet ein. Edelstahl ist ein besonders hochwertiger, aber auch schwer zu bearbeitender Werkstoff. Der Einsatz wird also fertig gekauft (Fa. Dr. Wolf, 5000 Köln 71).

Dennoch bleibt für den Heimwerker mehr als genug zu tun. Die Grill-Theke, die wir um den eigentlichen Grilleinsatz herumgebaut haben, weist schließlich einige Finessen auf. Wir haben bei der Konzeption allerdings daran gedacht, die Grundidee so einfach wie möglich zu halten: Auf einem Betonfundament wird aus Ziegelsteinen eine U-förmige Mauer hochgezogen. Abstand der Seitenwände voneinander 510 mm, Tiefe etwa 600 mm. In den Zwischenraum kommen in beliebiger Höhe Böden aus 500 mal 500 mm großen Gehwegplatten. Diese Platten ruhen auf eingelegten Flacheisen oder auf nach innen vorstehenden halben Steinen. Der Grilleinsatz wird jetzt einfach auf der oberen Platte festgeschraubt. Wir haben dieses Grundmuster erweitert, indem wir aus dem „U" ein „E" gemacht haben – doppelte Breite, Platz für zwei Grilleinsätze nebeneinander. Zur „Grill-Theke" wird der Grill aber erst durch die zusätzlichen Ablageflächen ringsum. Rechts und links wurde die oberste Steinlage quer vermauert; seitlich wurden Mauervorsprünge erstellt, auf denen Ablagebretter ruhen. An der Rückseite gibt es ein großes, klappbares Längsbrett.

So ist reichlich Stellfläche vorhanden. Sie können ohne zusätzliche Tische ein ganzes Büfett im Garten aufbauen. Sogar ein Bierfäßchen findet seinen standsicheren Platz. Nun heißt es nur noch Freunde und Bekannte einladen. Wir garantieren: Die flotte Grill-Theke wird stets umlagert sein!

Hier die wichtigsten Phasen des Grillbaus noch einmal im Schnelldurchgang: Ein etwa 200 bis 250 mm tiefes Loch für die Fundamentplatte ausheben und den entsprechenden Rahmen aus Schalbrettern einlegen. Mit Magerbeton (fünf Teile Kies auf einen Teil Zement) ausgießen. Für die große, doppelte Grill-Theke zusätzlich eine Baustahlmatte einlegen. Die erste Lage Steine ver-

So „klappt's" – die Ablagebretter verschwinden, wenn sie nicht benötigt werden. Sie können alle Hölzer mit Acryl-Klarlack (matt oder glänzend) streichen, sollten sie dennoch jeweils im Winter abbauen, um länger was davon zu haben.

Vier Scharniere auf jeder Seite sorgen für die Beweglichkeit der Ablageflächen.

mauern. Darauf kommt eine Isolierschicht aus Bitumenpappe. Jetzt das „U" oder „E" nach Plan hochziehen. Dazu sogenannten Vormauermörtel verwenden, mit dem man sofort die Fugen glattstreichen kann. Auf der gewünschten Höhe jeweils zwei Flacheisen als Träger für die Betonplatten einmauern. Oberste Steinlage auf Wunsch nach außen überstehen lassen, am besten durch einen unten angeschraubten Metallwinkel unterstützen. Zwischenböden einlegen. Grilleinsatz auf der oberen Platte andübeln.
Die seitlich ausklappbaren Ablagen bestehen aus Massivbrettern, deren Länge und Breite sich nach Ihrer Gestaltung des Grills richten. Die beiden Einzelbretter jeweils mit zwei Scharnieren untereinander und mit dem Mauerwerk verbinden. Für das hintere Brett sogenannte Klappenscharniere verwenden, mit denen sich die hochgeklappte Ablage arretieren läßt. Holzteile lasieren und im Winter stets abbauen.

Falls es beim Grillbauen Richtfeste gäbe – im Foto hätten wir den richtigen Moment dafür erwischt. Der Rohbau ist weitgehend fertig. Allerdings muß der Mörtel abgebunden haben, bevor die Stützen weggenommen werden können.

Auf der festen Platte ist ganz normales Braten möglich. Sie können also bei geeignetem Wetter die Küche in den Garten verlegen, zumal die Ablageflächen unseres Grills gute Arbeitsflächen abgeben.

Und nun das eigentliche Grillen auf unserem Edelstahlrost. Es gelingt nahezu ohne Qualm, und der köstliche Bratensaft wird in der vorgehängten „Dreiecksleiste“ aufgefangen.

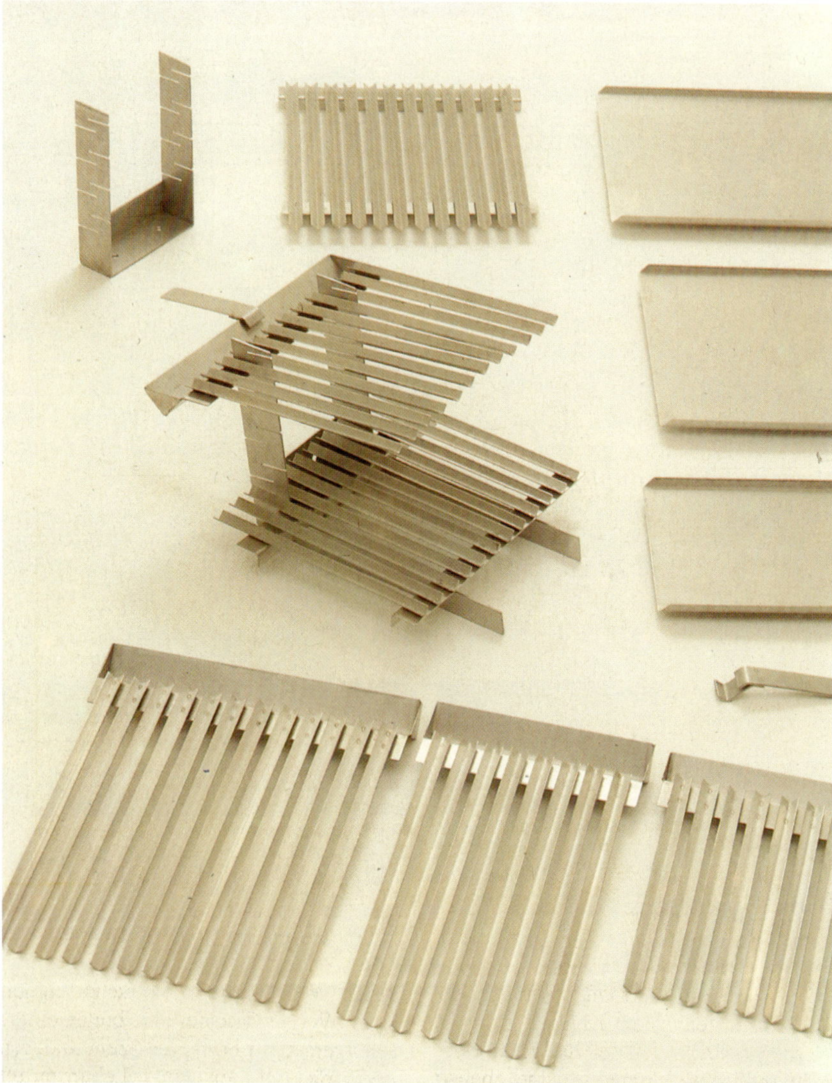

Der Edelstahl-Grilleinsatz: Vier Rostgrößen und verschiedene Platten liefert z.B. die Fa. Dr. Wolf in 5 Köln 71. Und das brauchen Sie noch an Material: Zement für das Fundament; rund 200 Steine 24 x 11,5 x 5,2 cm – für die Abschlüsse Vollsteine; Mörtel; Isolierpappe; zwei Flacheisen 4,0 x 11,5 x 130 cm; drei Betonplatten 50 x 50 x 6 cm; zwei Grilleinsätze; Ablagebretter aus 30 mm dicker Eiche; acht Scharniere 6 x 6 cm für die seitlichen Klappmechanismen.

Der Hackklotz

Ob Fleisch geklopft, Gemüse geschnitten oder Kräuter gehackt werden sollen – ein solcher Hackklotz im handlichen Format ist eine ebenso zweckmäßige wie optisch ansprechende Unterlage. Zum einen ist der massive Block schon durch sein Eigengewicht sehr standfest; außerdem bietet die dichte, harte Stirnholzfläche so mancher mechanischen Einwirkung wie Schlägen und Schnitten die Stirn. Und daß sich der Block bei einem rustikalen Schmaus prächtig macht, versteht sich. Als Material wählten wir Ahornholz. Auch Weiß- oder Rotbuche eignen sich. Weißer Tischlerleim bietet einerseits genügend Festigkeit, zum anderen beeinträchtigt er die Lebensmittel nicht. Und weder warmes Wasser noch Scheuersand können ihm etwas anhaben. Die Aluminium-Umreifung dient mehr einem dekorativen Zweck.

Viel Hobel- und Schleifarbeit ist nötig, bis der Block seine sich nach oben verjüngende Form hat. Offene Leimfugen oder Risse sorgfältig schließen – Bakterien dürfen keine Chancen zum Einnisten bekommen!

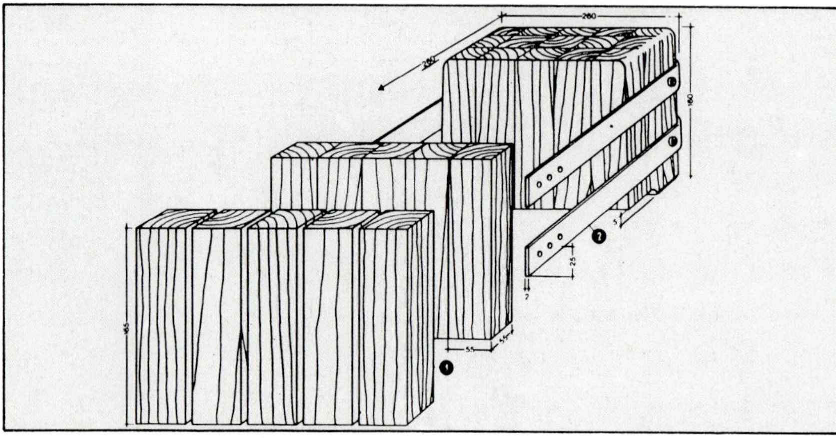

Das Holz Schicht für Schicht abrichten.

Schichten einzeln aufeinanderleimen.

Materialliste

Alle Maße in Millimeter. Fettgedruckte Abmessungen bezeichnen die Ausgangsmaße für den genauen Zuschnitt.

① Ahornkanteln **165 × 55 × 55** (25 Stück)

② Aluminiumflachprofil **2400** × 25 × 2 (1 Stück)

Panheadschrauben 4,0 × 20, Leim und Bleichmittel, sofern eine sehr helle Oberfläche gewünscht wird.

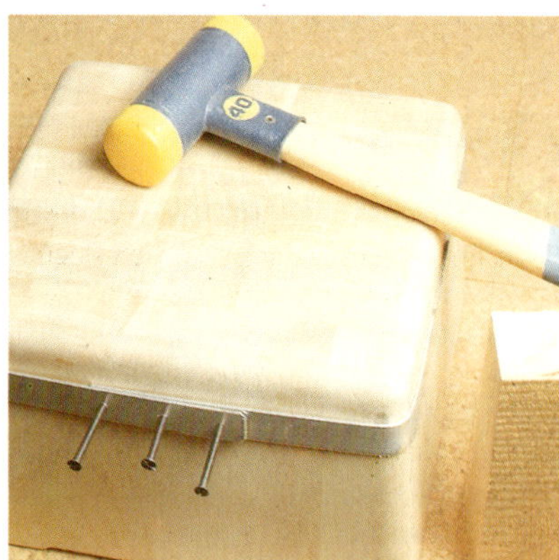

Ende der Alu-Profile übereinanderlegen und gemeinsam durchbohren.

Der Flechtzaun

Doch, doch, die Konstruktion wollen wir Ihnen so erklären, daß Sie ganz bestimmt den Durchblick haben. Aber das Resultat unserer gemeinsamen Anstrengung soll eine möglichst undurchsichtige Angelegenheit werden: ein Sichtschutz-Zaun! Er besteht aus geflochtenen Dachlatten, zur halben Stärke aufgetrennt, damit sie sich flechten lassen, sowie einer Rahmenkonstruktion aus Kanthölzern.

Die Kanthölzer messen sechs mal sechs Zentimeter im Querschnitt. Die unteren Querhölzer verbindet man am besten durch Zapfen mit den senkrechten Pfählen, wie bei einem Fachwerkbau. Man kann sie zusätzlich mit einem Holznagel sichern, einem Stück Dübelholz, das in eine Bohrung quer durch Pfahl und Zapfen gesteckt wird. Die Pfähle werden mit einer Nut versehen, 10 mm tief und 6 mm breit (Dicke der Latten), damit das Flechtwerk darin hält. Die Querhölzer haben passende Zapfenlöcher für die beiden Leisten (20 x 20 mm), um die herum kreuzweise geflochten wird. Als Füllmaterial eignen sich 20-mm-Dachlatten, die zu sechs Millimeter dünnen Latten aufgeschnitten werden – bei 8 mm Sägeblattstärke. Je nach Dicke der Latten und Schnittbreite der Kreissäge lassen sich die Maße anpassen. Das Zusammenflechten ist ein bißchen Gefühlssache. Wenn die Zaunpfähle fest im Boden stehen, können Sie die Latten auch von oben her einschieben und das obere Querholz erst zum Schluß aufsetzen.

Die obere Eckverbindung – Schlitz und Zapfen. So läßt sich das Querholz zum Schluß aufsetzen.

Handarbeit: Die Zapfenlöcher für die beiden Zwischenstreben werden fachmännisch ausgestemmt.

Soll der Zaun beweglich gestaltet werden, heißt es bei den Füßen noch mal stemmen.

Das Ende der Flechterei: Die gespaltenen Flechtlatten werden in die Nuten der senkrechten Rahmenhölzer gedrückt.

Die Pergola

Die Pergola in Verbindung mit Flechtwänden erweckt den Eindruck von gemütlicher Geschlossenheit, aber nicht Abgeschlossenheit des Grundstücks. Im Windschatten der Sandkasten oder auch ein geschützter Sitzplatz mit Grillecke – die Grenzen der Einsatzmöglichkeiten liegen eigentlich nur in der Phantasie der Erbauer. Um so angenehmer, wenn diese schöne und zweckmäßige Holzkonstruktion aus einem Material hergestellt wird, das von Natur aus hohe Widerstandskräfte gegen Wettereinflüsse und auch Holzschädlinge hat, also keinen massiven Einsatz von Chemie verlangt. „Red Cedar", ein nordamerikanisch/kanadisches Holz, verfügt über diese Eigenschaften und wird daher schon sehr lange für Außenkonstruktionen eingesetzt.

Mit Holz bringen Sie Leben in Ihren Garten. Zum Bau von Pergolen, Sichtschutzzäunen oder Pflanzgefäßen bietet der Handel heute ein umfangreiches Programm kesseldruckimprägnierter Gartenhölzer an, mit dem keine Gestaltungswünsche offen bleiben. Was beim heimischen Kiefern-, Fichten- oder Tannenholz durch bis in den Kern des Holzes gepreßte Salze erreicht wird – die langjährige Widerstandsfähigkeit gegenüber Feuchtigkeit und Fäulnis –, bringen manche Holzarten schon von Natur aus mit. So die aus Kanada importierte „Red Cedar", die in Nordamerika seit jeher das Holz zur Verarbeitung im Freien darstellt und nun auch in einem umfangreichen Sortiment auf dem deutschen Markt angeboten wird. Wer sich für „Red Cedar" entscheidet, schlägt gleich zwei Fliegen mit einer Klappe: eine fungizide und pestizide chemische Behandlung ist aufgrund der im Holz vorhandenen Öle

Die Arbeit beginnt mit dem Ausheben der Erde in dem Bereich, in dem der Sandkasten entstehen soll. Dann kommen die Löcher für die Fundamente an die Reihe (80 cm tief), die mit Schalungen aus Spanplattenresten ausgekleidet werden. Die Platten können im Boden bleiben.

Nachdem die Fundamente mit Beton-Estrich ausgegossen wurden (es gibt fertige Mischungen, die nur noch mit Wasser aufbereitet werden müssen), drückt man die Stützschuhe in den frischen Beton und richtet sie möglichst genau aus.

überflüssig; außerdem muß man nicht wie beim tropischen Regenwald um den Erhalt der Bestände fürchten – „Red Cedar“ wird in Kanada nämlich kontinuierlich wieder aufgeforstet.

Zwar ist „Red Cedar“ teurer als kesseldruckimprägniertes Holz der Sonderangebotsklasse, doch dafür schonen Sie die Umwelt und können sich an einem warmen, goldenen Holzton erfreuen, wie ihn keine künstliche Einfärbung erzielt. Mit der Zeit vergraut die Oberfläche des kanadischen Importholzes allerdings nach und nach. Wem's gefällt, der beläßt es dabei, wer den Originalton konservieren möchte, kann dies mit einem natürlichen Anstrich auf Leinölbasis erreichen.

Eins jedoch ist bei der Verwendung von „Red Cedar“- Gartenholz unbedingt zu beachten: das Material darf keinen ständigen Kontakt mit dem feuchten Erdreich haben, denn dann fault es wie unbehandeltes Fichtenholz. Man muß also für entsprechende Unterkonstruktionen aus Beton oder Metall sorgen, die dem Holz immer wieder Gelegenheit geben abzutrocknen.

In unserem Fall haben wir eine Pergola mit integrierten Sichtschutzelementen gebaut. Einbetonierte Stützenschuhe tragen die Gesamtkonstruktion. Im Schutz der natürlichen Holzwände wurde ein Sandkasten mit Spielebene angelegt. Ein großer Pflanzkasten vervollständigt das Bild.

Mit „Red Cedar“ wird der Garten wohnlich. Sie genießen den Anblick von Holz pur und dürfen ein reines Umweltgewissen haben.

Nachdem die Fundamente der Pergola komplett vorbereitet sind und gut abgebunden haben, setzt man die Pfosten in die U-förmigen Verankerungen und richtet sie aus. Dann befestigt man die Pfosten mit Holzschrauben in den Verankerungen und bringt die Befestigungswinkel für die Flechtzaun-Elemente an.

Nun steht das Pergola-Gerüst bereits zu einem beachtlichen Teil, es folgt der „Dachausbau“. Die Querträger der Pergola liegen überblattet auf den Pfosten auf.

Hier werden gerade die abgeschrägten Pergola-Streben mit den Pfosten und den Querträgern verschraubt.

Zum Schluß der „Dacharbeiten“ kommen die Reiter auf die Streben. Sie bilden den Abschluß nach oben und sorgen gleichzeitig dafür, daß der Eindruck von einem Dach entsteht und dennoch Licht, Luft und Sonne Zugang finden.

Im Schutz des Flechtzauns: der Sandkasten, der auf einer Lage Kies aufliegt und von Schwellen begrenzt wird. Gerade hier in der Kinderecke leuchtet der Vorteil der „Red Cedar“ ein, die eben nicht mit irgendwelchen chemischen Mitteln behandelt werden muß.

Auch die an den Sandkasten angrenzenden Spielflächen bestehen aus Schwellen. Selbstverständlich sollte man in den Spielecken ganz besonders auf sorgfältige Verarbeitung achten. Holzsplitter gehen nicht nur den Kindern, sondern auch den Eltern unter die Haut.

Den Abschluß der handwerklichen Arbeit bildet die Montage des Pflanzkastens aus Querbrettern – wenn man die Holzoberflächen nicht noch mit einem Spezialöl behandeln will, das auf Leinölbasis zusammengestellt wurde und keine giftigen Stoffe enthält. Sinn dieses „Lackierens“: das Erhalten des schönen rötlichen Holztons. Macht man das nicht, wird das Holz im Lauf der Zeit vergrauen, was das Aussehen, nicht aber seine Festigkeit beeinträchtigt.

Die Gartendusche

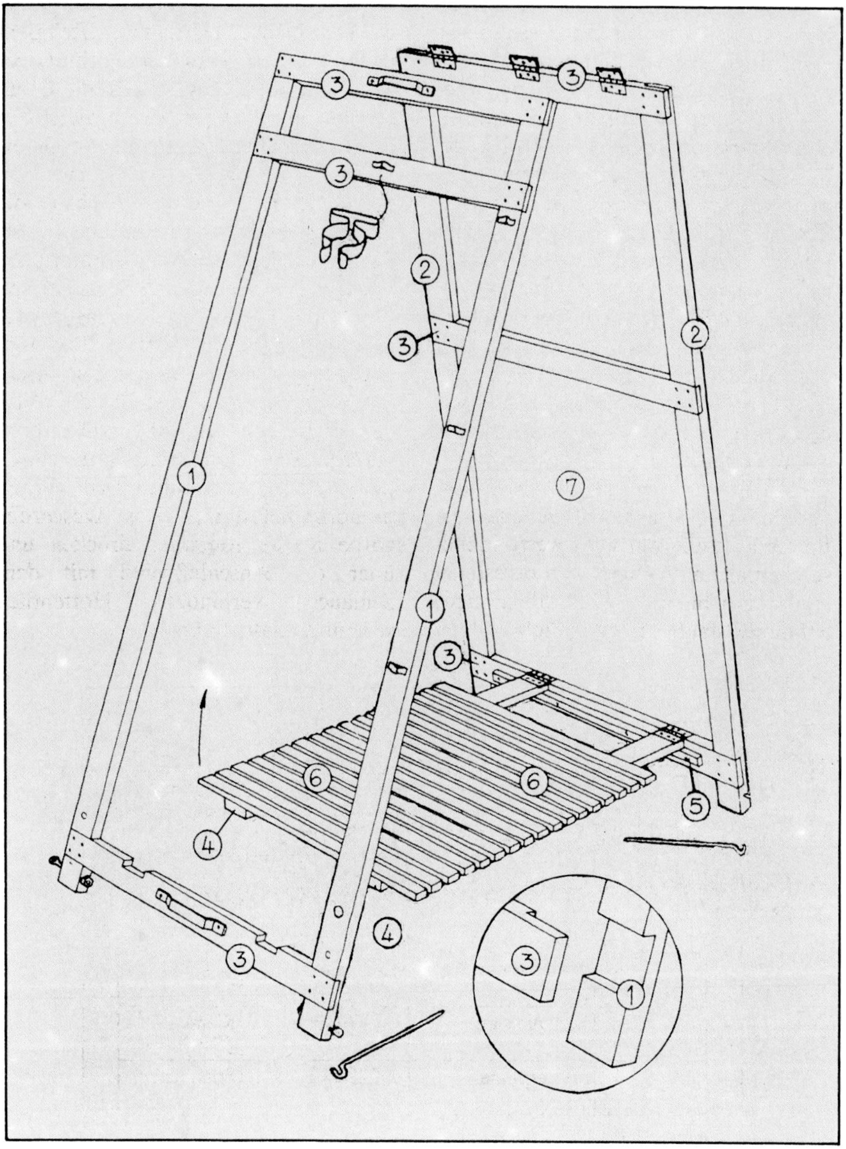

Ein jeder Gartenfan wird sich freuen: warmes Wasser zum Duschen im Freien, gespendet von einer transportablen Duschkabine, die sich überall aufstellen läßt. Unsere Heizquelle: die Sonne. Als Wärmespeicher fungiert ein 50 m langer, in zwei Spiralen aufgerollter Wasserschlauch, der auf der Rückwand der Dusche mit Acryl-Schlauchhaltern angebracht ist. Die Kabine sollte also so aufgestellt werden, daß die Sonne so lange wie möglich auf die

Rückwand trifft. Alle Teile schon vor dem Montieren schleifen und grundieren, dann streichen. Zuerst die vorderen und hinteren Rahmen aus Stützen und Querleisten herstellen, wobei die oberen Querleisten überblattet, die mittleren und unteren durch Ausklinken mit den Stützen zusammengefügt werden. Wasserfester Leim und Spanplatten-Schrauben machen die Verbindungen stabil. Die untere Querleiste im Vorderrahmen müssen Sie außerdem in der Breite der Rostauflagen ausklinken. Die Trägerplatte aus Sperrholz auf den hinteren Rahmen schrauben. Die beiden Rahmen oben mit Scharnieren verbinden. An der unteren Querleiste des hinteren Rahmens die Auflageleiste für die Rostauflagen anbringen und diese ebenfalls mit Scharnieren befestigen (siehe Zeichnung). 17 Bodenleisten, auf die Rostauflagen geschraubt, bilden die Standfläche. Die unteren Rahmenenden von den Seiten her durchbohren. Mit U-Scheiben und Muttern die Ösenschrauben befestigen, durch die später die Sturmhaken im Boden verankert werden. Nun die Haltegriffe am Vorderrahmen montieren, ebenso die Schlauchklemmen für das Duschrohr. Die rechte vordere Stütze bekommt ein Loch im Durchmesser des Duschrohrs. Der Schlauch wird auf der Trägerplatte in zwei Spiralen angebracht. Der Mittelpunkt der oberen Spirale liegt 62 cm unter dem oberen Rand und die Mitte der unteren Spirale 70 cm über dem unteren Rand. Die Acryl-Schlauchhalter mit Schloßschrauben und Flügelmuttern befestigen. Das Duschrohr vorne in die Klemmen drücken und über das Anschlußventil mit dem Schlauch verbinden. Hoffentlich scheint bald die Sonne!

Materialliste

Pos.	Anz.	Bezeichnung	Maße in mm	Material
1	2	Stützen	2390 lang	
2	2	Stützen	2300 lang	Kiefer
3	6	Querleisten	1100 lang	65 × 27 mm
4	2	Rostauflagen	1200 lang	
5	1	Auflageleiste	770 lang	Kiefer 27 × 27 mm
6	17	Bodenleisten	770 lang	Kiefer 43 × 20 mm
7	1	Trägerplatte	2220 × 1080	Sperrholz 6 mm dick

6 Schlauchhalter 400 × 100, 1 Schlauchhalter 700 × 100 (Acryl, 6 mm dick); 2 Markisen-Dreiecke, 2000 lang, 900 breit; 5 verzinkte Scharniere; Spanplatten-Schrauben; Nägel; Schloßschrauben mit Unterlegscheiben und Muttern: 1 × M6 × 30, 15 × M6 × 50, 2 × M6 × 60; 2 Handgriffe 160 lang; 4 Ösenbolzen M8 × 90 mit Unterlagsscheiben und Muttern; 4 Sturmhaken 400 lang; 8 Schlauchklemmen; 50 m armierter Schlauch ¾″; 1 Duschrohr mit Brause, Absperrhahn und ¾″-Anschluß; Schlauchkupplungen; wasserfester Holzleim.

Auf der Rückseite der Duschkabine sind die Schlauchhalter und -spiralen angebracht. Diese Seite bestimmt in erster Linie den Standplatz der Dusche, denn je wärmer man das Wasser möchte, desto länger sollten die Spiralen der Sonne ausgesetzt sein.

Sturmhaken, die im Boden verankert werden, sichern die Duschkabine.

Das Rohr der Dusche und der Warmwasserzulauf werden durch eine Kupplung verbunden.

Fertig für den „Winterschlaf": Die zusamengeklappte Duschkabine wird mit Flügelmuttern arretiert und so für den Transport und die Ruhezeit gesichert.

Das Frühbeet

Sie haben die Möglichkeit, für das Frühbeet druckimprägniertes Holz zu nehmen, oder aber, wie wir in diesem Fall, Kiefer zu verwenden, die Sie jedoch vorbehandeln müssen, damit sie wetterfest wird. Die angespitzten Beine mit den Längs- und Querbrettern durch Spanplatten-Schrauben so miteinander verbinden, daß die Enden oben noch etwas hervorragen. Sie tragen später den Deckel. Aus den angegebenen Rahmenleisten die beiden Deckelteile anfertigen. Sie werden zusätzlich oben und unten mit Fensterwinkeln an den Ecken verstärkt. Zwei Scharniere verbinden die beiden Deckelteile und sind gleichzeitig der Aufklappmechanismus. So läßt sich später immer eine Seite des Deckels aufstellen, wenn die Temperatur im Innern zu sehr steigt. Dazu noch jeweils an den mittleren Rahmenleisten (5) die abgeschrägten Stützhebel (7) gegengleich anbringen. Mit dem längeren Stützhebel (6) an der inneren Rahmen-

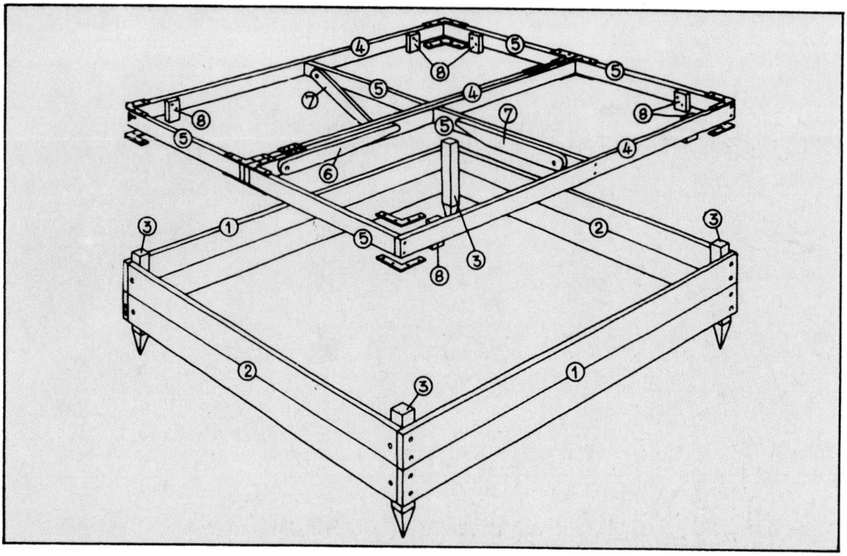

leiste (4) läßt sich der ganze Deckel anheben, wenn Sie gießen oder jäten möchten. Nun können Sie die sechs Fixierklötze laut Zeichnung anschrauben. Sie verhindern ein Wegrutschen des Deckels im geöffneten Zustand.
Ist der Deckel fertiggestellt, muß er mit der Folie bespannt werden. Dazu die Folie straffziehen und mit dem Tacker rundherum am Rahmen befestigen. Dort, wo der Deckel hochgeklappt werden kann, jeweils einen kleinen Einschnitt machen.
Und nun: Gute Ernte!

Materialliste

Pos.	Anz.	Bezeichnung	Maße in mm	Material
1 2	4 4	Längsbretter Querbretter	1500 lang 1458 lang	Kiefer 95×21 mm
3	4	Beine	300 lang	Kiefer 45×45 mm
4 5 6 7	4 6 1 2	Rahmenleisten Rahmenleisten Stützhebel Stützhebel	1500 lang 708 lang 500 lang 200 lang	Kiefer 43×21 mm
8	6	Fixierklötze	60 lang	Kiefer 43×15 mm

24 Spanplatten-Schrauben 6,0×60; Spanplatten-Schrauben für Fensterwinkel, Scharniere, Fixierklötze und als Holzverbinder; 16 Fensterwinkel; 2 Scharniere; wasserfester Holzleim; Folie.

Die Wintergarten-Heizung

Was macht ein Architekt, wenn er feststellt, daß er dort, wo sich seine geräumige Doppelgarage befindet, eigentlich lieber ein Gewächshaus als Wintergarten hätte? Er verbannt die Benzinkutschen nach draußen, versieht die Garageneinfahrt mit einer raumhohen Glasfront und schafft zusätzlichen Lichteinfall durch eine ins Garagendach gesetzte Glaskuppel. So geschehen in Neumünster. Jetzt besitzt der Architekt Joachim Schmidt ein Pflanzenparadies mit südländischem Flair.
Trotz der Verglasung mit dem wärmedämmenden Spezialglas Thermoplus wird es in dem unbeheizten Gewächshaus im Winter jedoch oftmals zu kalt für empfindliche südliche Pflanzen. Es kommt zu Frostschäden, besonders in der Nähe der Glasflächen. Auch zu diesem Problem ist dem pfiffigen Architekten eine verblüffende Lösung eingefallen. Er konstruierte „Heizstrahler", die man schnell und preiswert nachbauen kann. Normale Blecheimer (11,5 l Patenteimer) spritzt man innen und außen mit Sprühlack mattschwarz. In den Boden wird eine 200-Watt-Glühlampe mit Lampenfassung gesetzt und ans Stromnetz angeschlossen. Verschließt man nun den Eimer, kann die Energie der Lampe nicht als warme Luft entweichen. Statt dessen wird die Wärme über die Oberfläche des Eimers an die Umgebung abgestrahlt. Das ist der ideale Frostschutz für Pflanzen, den Sie leicht mit einer Schaltuhr oder einem Thermostaten steuern können.

Der „Heizkörper", unser wärmender Eimer. Die Energie kommt aus der Steckdose und wird von einer 200-Watt-Glühlampe in Hitze umgesetzt, die über den geschlossenen Eimer gleichmäßig an die Umgebung abgegeben wird.

Die Thermokamera macht die Wirkungsweise der selbstgebauten Heizstrahler deutlich. Die etwa 50 Grad heißen Marmeladeneimer geben die Wärme an den Raum ab. Die Glasflächen reflektieren die Wärmestrahlen und bannen so die Frostgefahr in den gefährdeten Zonen.

Die Wetterstation

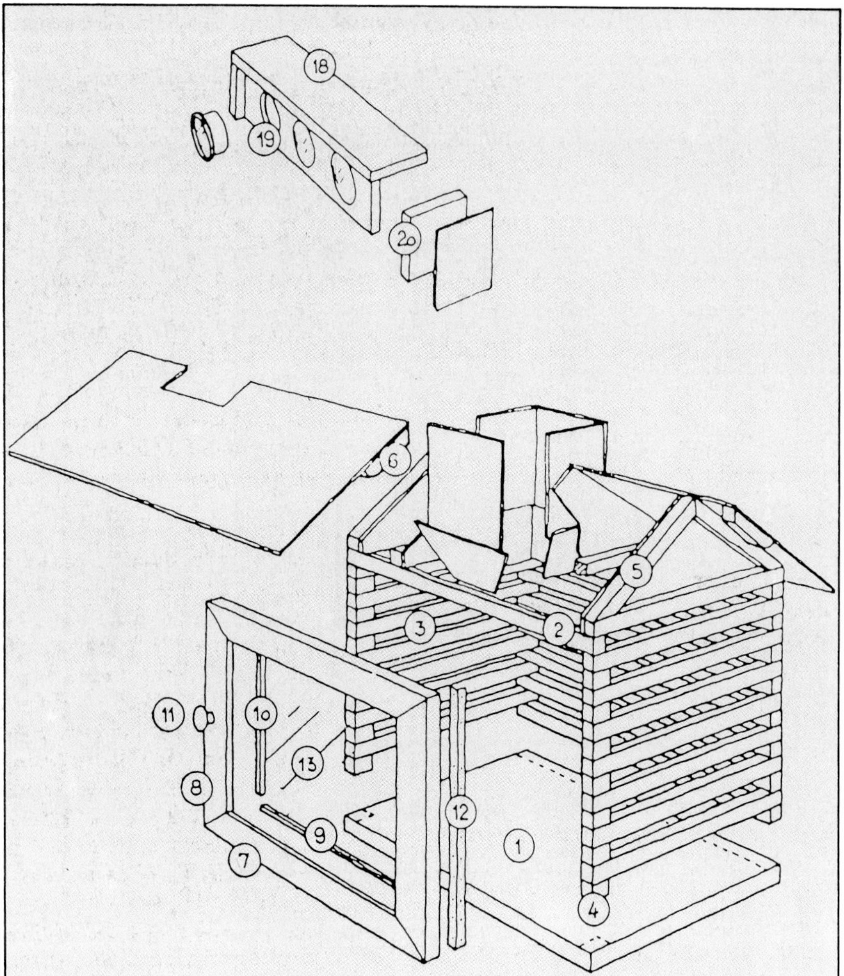

Donnerwetter!" sind Sie vielleicht angesichts dieses Bauvorschlages zu denken geneigt. „So ein Häuschen könnte auch in meinem Garten noch einen frischen Akzent setzen." Bestimmt wird es das, meinen wir. Es hat sogar auf offenen Balkonen Platz. Und praktisch ist es auch. Mit solch einer Station sagen Sie nämlich Ihr Wetter künftig selbst vorher. Woher der Wind weht, erkennt jeder schon aus der Ferne – der Gockel auf dem First zeigt's an. Doch was im einzelnen alles in dem Häuschen steckt, gibt erst der Blick unters Satteldach frei. Ihr neues Wetteramt ist gut bestückt: Der durch den 10 × 10 cm weit geöffneten Schornstein einfallende Niederschlag wird mengenmäßig von einem Meßbecher (nur über Lehrmittelverlage erhältlich) erfaßt. Ein Außen-Barometer zeigt den Luftdruck an, ein Außen-Hygrometer die

Luftfeuchtigkeit, und auch ein Außen-Thermometer fehlt nicht.
Unser Tip für Heimwerker, die jetzt was wittern: Werden Sie mit Hilfe des Wetterhäuschens künftig Ihr eigener Wetterprophet. Die Fakten liefern Ihnen die Meßinstrumente, die Prognosen Ihre mit den angezeigten Werten gemachten Erfahrungen. Am besten, Sie führen Buch darüber. Aber zunächst muß die Open-air-Station natürlich gebaut werden. Unsere bekam als Fundament eine 50 × 36 cm große Spanplatte, die rundherum mit Resopal beschichtet wurde. Die Wände bestehen aus 20 mm starken Vierkantstäben, deren Kanten gebrochen wurden. Die Vordertür ist ein Holzrahmen mit einer Glasplatte. Als Scharnier nahmen wir Klavierband. Das gesamte Dach mißt 60 × 54 cm. Das Material: mehrfach geklebtes Resopal (genau wie der Wetterhahn, der Schornstein und die Himmelsrichtungen). Für die Meßinstrumente sägten wir uns eine einfache Holzkonsole. Letzter Arbeitsgang: ein farbenfroher Allwetteranstrich.

Materialliste

Pos.	Anz.	Bezeichnung	Maße in mm	Material
1	1	Boden	500 × 360	Spanplatte 19 mm
2	9	Längsleisten	500 lang	Fichte/Tanne 20 × 20 mm
3	18	Querleisten	360 lang	
4	14	Abstandsleisten	30 lang	
5	4	Dachschrägen	205 lang	
6	4	Firstverstärkungen	70 lang	
7	2	Rahmenleisten	455 lang	Fichte/Tanne 40 × 20 mm
8	2	Rahmenleisten	275 lang	
9	2	Glashalter	390 lang	Fichte/Tanne 15 × 7 mm
10	2	Glashalter	200 lang	
11	1	Möbelknopf		
12	1	Klavierband	275 × 32	Messing
13	1	Glasscheibe		Fensterglas 3 mm dick
14	1	Kompaßhalter	430 lang	Fichte/Tanne 20 × 20 mm
15	2	Querstreben	140 lang	
16	1	Kompaßgelenk	60 lang	
17	1	Trägerklötzchen	80 lang	
18	1	Abdeckplatte	400 × 105	Spanplatte 19 mm
19	1	Frontplatte	360 × 90	
20	2	Seitenteile	105 × 105	

ca. 2 m^2 Resopalplatte; 1 Magnetschnäpper; 2 Schloßschrauben M5 × 50 (einschl. Unterlegscheiben und Flügelmuttern); 1 Leichtmetallrohr (innen Ø 55; 1500 lang); 1 Nagel 5,5 × 160; Pattex-Spezial.

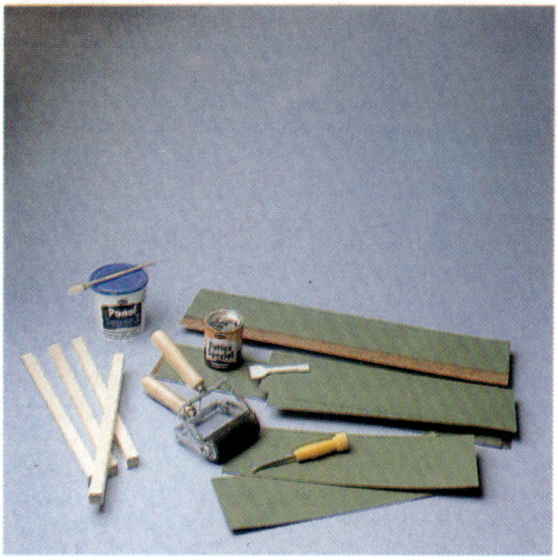

Hier ein Teil des Materials auf einen Blick: Holzleisten im Querschnitt 20×20 mm und Resopal„furnier". Diese Kunststoffolie muß mit einem Spezialkleber verarbeitet werden. Außerdem sollte die Fläche immer genügend Druck bekommen – also mit Andruckrolle arbeiten!

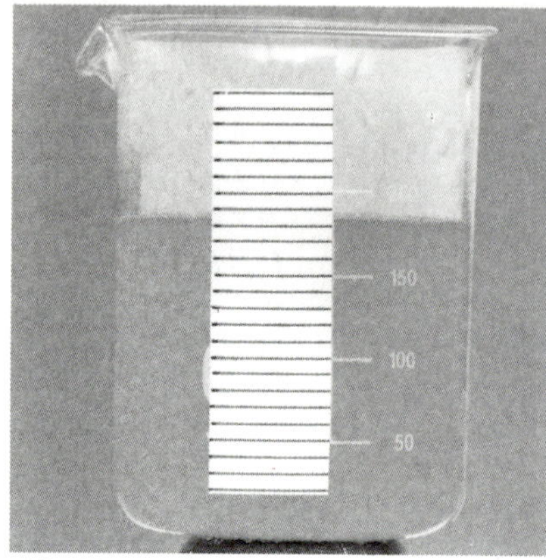

Als Ersatz für das oft nur schwer zu bekommende Meßglas kann dieser Becher dienen. Er hat einen Innendurchmesser von ca. 65 mm und besitzt eine Milliliterskala. Um das Ablesen genauer zu machen, haben wir eine zusätzliche Unterteilung angebracht.

Der Rohbau der Station. Er wird Leiste für Leiste und Klötzchen für Klötzchen hochgezogen. Die Vorderseite bleibt frei und wird später durch eine Tür mit Glasfüllung geschlossen.

Der Kamin muß sich nach innen verengen, also konisch zulaufen, damit das Regenwasser in den runden Meßbecher fließen kann.

Die Löcher für die drei Meßinstrumente, die auf einer Konsole im Inneren des Häuschens installiert werden, haben wir mit einer Lochsäge aus dem Sperrholz herausgeschnitten.

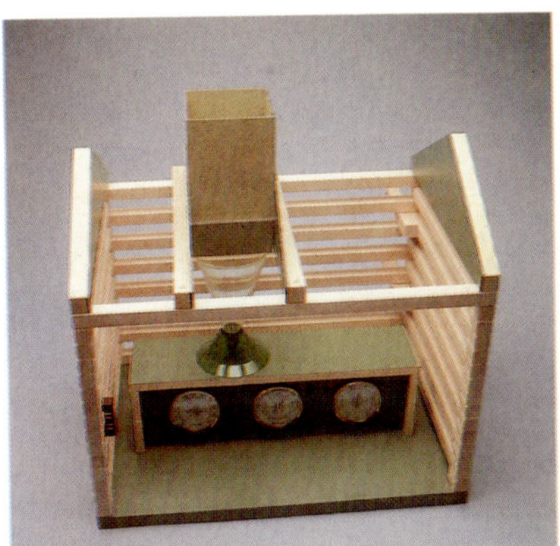

Richtfest – Ihrer Wetterstation fehlen nur noch Dach und Glastür, dann ist das „Gebäude“ fertig.

Das Dach besteht aus jeweils zwei fest miteinander verleimten Resopalzuschnitten, die einen Ausschnitt für den Kamineinsatz bekommen haben.

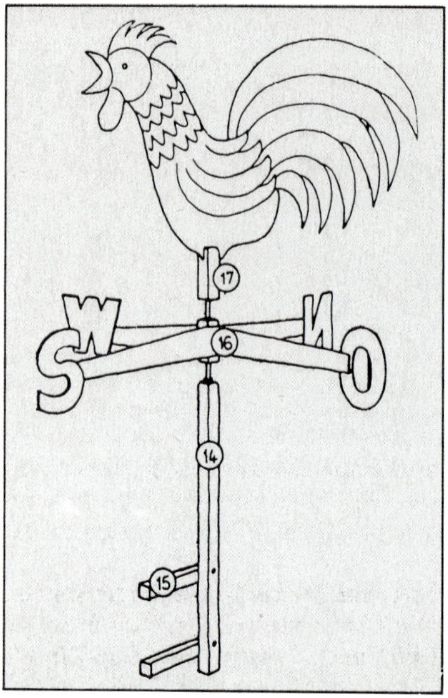

Und nun zum Wetterhahn: Hier sieht man den um 90° gedrehten Bohrständer, der Ihnen hilft, in der Mitte der Leiste ein Loch anzubringen, das die 150 mm lange und 8 mm starke Alu-Hülse aufnehmen wird.

Die Mechanik des leicht gelagerten Wetterhahns: Die Alu-Hülse mit dem Zimmermannsnagel verbindet die Teile (14), (16), (17) und bildet dabei ein Drehgelenk. Der Nagel, dessen Kopf abgeschnitten ist, wird in den Sockel des Wetterhahns geleimt.

Und nun die Konstruktion des Windrichtungsanzeigers. Die Brettchen, welche die Buchstaben tragen, werden mit wasserfestem Leim und Nägeln so an der Leiste befestigt, wie es auf dem Foto zu sehen ist.

Der Hahn und die Buchstaben des Windrichtungsanzeigers lassen sich ohne große Mühe mit der Laubsäge ausschneiden.

Und so wird die Wetterstange am Häuschen befestigt: mit zwei Schloßschrauben, auf die man Flügelmuttern dreht.

Foto unten: die fertige Wetterstation. Die Tür wurde aus vier Dachlatten gebaut, in die man einen Falz für die Scheibe geschnitten hat.

Das kleine Wetter-ABC

Abendrot gilt so lange als Schönwetterbote, wie nicht knallrote oder violette Wolken aufziehen. Dann meist Orkananzeige.

Barometer zeigen die Veränderung des Luftdrucks mittels eines Stell- und eines Gerätezeigers an. Das Gerät sollte auf Ortshöhe justiert werden.

Cumulus ist eine Haufenwolkenform, die leicht wie Watte aussieht; sie gilt, wenn sie „steht", als Schönwetterwolke.

Dreht der Wind nach schlechtem Wetter von Nordwest über Nord bis Ost und flaut dann ab, soll's schön werden.

Einzelne feine Eisnädelchen oder körniger Schnee deuten auf anhaltenden klirrenden Frost hin.

Fällt nach Mitternacht bis nach Sonnenaufgang Regen, prägt im Winter meist schönes Wetter den folgenden Tag.

Ganz besonders mißtrauen erfahrene Beobachter Wetterregeln in Versform.

Hygrometer messen die relative Luftfeuchtigkeit. Steht Ihr Hygrometer zwischen 30 und 60 Prozent, sollte dies auf Wetterbesserung oder gutes Wetter hoffen lassen.

Ist das Barometer vor Inbetriebnahme nicht auf Ortshöhe eingestellt, kann es nicht genau anzeigen.

Jeder Schäfer, heißt es, sticht mit seiner (lokal begrenzten) Wetterprognose alle Wettersatelliten aus.

Klettert der Luftdruck innerhalb weniger Stunden schnell, ist die eintretende Aufheiterung meist nur von kurzer Dauer.

Langsames, gleichmäßiges Steigen des Luftdrucks über zwei oder mehrere Tage läßt mitunter auf eine längere Trockenzeit schließen.

Meteorologen rechnen mit baldigem Niederschlag, wenn das Fallen des Luftdrucks zwischen 10.30 Uhr und 11.30 Uhr morgens fortdauert.

Nicht lange dauert meist eine Aufheiterung, die einsetzt, wenn das Barometer nachmittags steigt.

Obacht auf Rauhreif! Er soll in spätestens drei Tagen Tauwetter verheißen.

Passen Sie auch auf die Sterne auf. Sind nur wenige, ruhig leuchtende sichtbar, kann mit Schönwetter gerechnet werden.

Qualm aus Schornsteinen, der abwärts gedrückt wird, weist meist auf eine Wetterverschlechterung hin.

Regenmesser mit einer Öffnung von 10×10 cm erhalten am Meßglas im Millimeterabstand Teilstriche. Jeder entspricht einem Liter Niederschlag pro Quadratmeter.

Stellen Sie Ihr neues Wetterhäuschen am besten in Augenhöhe und weder windgeschützt noch unter Bäumen auf.

Thermometer sollten draußen möglichst immer der Sonne abgewandt, also Richtung Norden gedreht werden.

Ugenaue, „über den Daumen" gepeilte Messungen beeinträchtigen die Trefferquote guter Prognosen.

Vergleichen Sie doch mal Ihre eigenen Wettervorhersagen mit denen der professionellen Wetterpropheten in Presse, Rundfunk und Fernsehen – auch wenn diese auf Satellitendaten zurückgreifen können.

Wer über seine Messungen exakt Buch führen will, sollte bestimmte Beobachtungszeiten einhalten: am besten 7.00, 14.00 und 21.00 Uhr.

Zeigt der Morgenhimmel nach Osten hin eine schmutzigrote Färbung, vertrauen Experten nicht auf einen Schönwettertag.

Der Geräte-Anbau

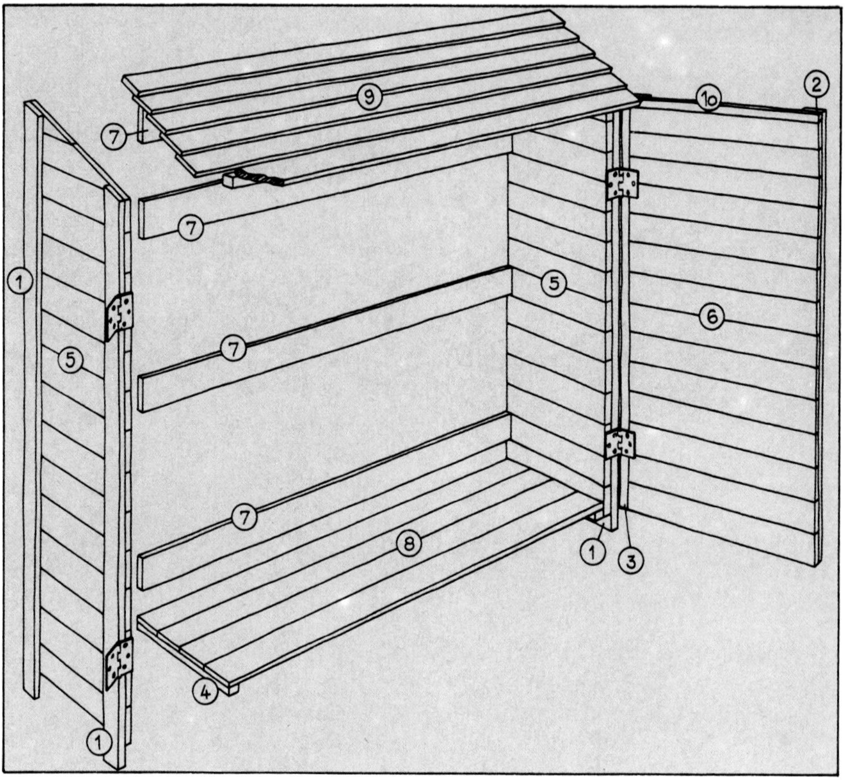

Materialliste

Pos.	Anz.	Bezeichnung	Maße in mm	Material
1	4	Seitenleisten	60 × 20 × 1760	Fichte massiv
2	4	Türleisten	50 × 30 × 1530	
3	2	Türleisten	60 × 15 × 1530	
4	2	Bodenträger	25 × 25 × 400	
5	34	Seitenbretter	400/380 lang	Bretter von EURO-Paletten 100 × 20 mm
6	30	Türbretter	554 lang	
7	4	Rückwandbretter	1100 lang	
8	4	Bodenbretter	1060 lang	
9	6	Dachbretter	1200 lang	
10	2	Türbretter	554 lang	Fichte 30 × 20 mm

4 Scharniere, verzinkt, geöffnet 80 mm breit, 80-100 mm hoch; 1 Schubriegel; 1 Türüberwurf; 1 Vorhängeschloß.

Ein schönes Gartenhäuschen mit großzügig bemessenem Platz für alle Gartengeräte ist eine feine Sache. Oder ein großer Gerätekeller. Oder eine geräumige Garage. Doch was tun, wenn man auf derlei Annehmlichkeiten verzichten muß? Wenn das Grundstück zu klein für ein Gartenhäuschen ist oder der Keller fehlt? Ganz einfach: Dieser hölzerne Anbau muß her. Der kleine Schuppen bietet viele Vorteile. Er benötigt nur wenig Platz, ist schnell aufgebaut und vor allen Dingen recht preiswert.

Der erste Arbeitsgang erscheint etwas ungewöhnlich. Es ist der Blick in die Tageszeitung, Abteilung Inserate. Dort sucht man sich das günstigste Angebot an gebrauchten EURO-Paletten heraus. Unser Einkaufstip: Das Holz sollte nicht zu stark eingerissen sein. Die Preise sind recht unterschiedlich. Doch wer eine gut erhaltene Palette für drei bis zehn Mark erwerben kann, hat das nötige Bauholz im allgemeinen günstig eingekauft. Mit etwas Glück bekommt man in großen Einkaufscentern eine Einweg-Palette sogar gratis.

Die Maße des Geräteanbaus stimmt man auf die zur Verfügung stehende Fläche und die Menge und Größe der unterzubringenden Geräte ab.

Bis hierher sind folgende Arbeitsgänge bereits ausgeführt: Das Holz wurde ausgesucht und von allen schadhaften Stellen sowie Nägeln befreit. Dann erfolgte der Zuschnitt. Anschließend wurden die senkrechten Stützen der Seitenwände mit den Brettern beplankt und die Schräge für die Dachneigung angeschnitten. Jetzt erfolgt der Einbau der Rückwandbretter (7), die die an der Hauswand stehenden Stützpfosten miteinander verbinden. Diese Bretter werden mit der Wand verschraubt.

Die Bodennässe hat keine Chance, denn das Häuschen bekommt einen Bretterboden.

Die Schuppenform des Dachs verhindert, daß Regen eindringen kann.

Mit dem Stechbeitel werden die vier Aussparungen für die Türscharniere ausgestemmt.

Das Einpassen der Türen muß besonders sorgfältig geschehen, andernfalls besteht die Gefahr, daß sie nicht richtig schließen.

Der Blumenständer

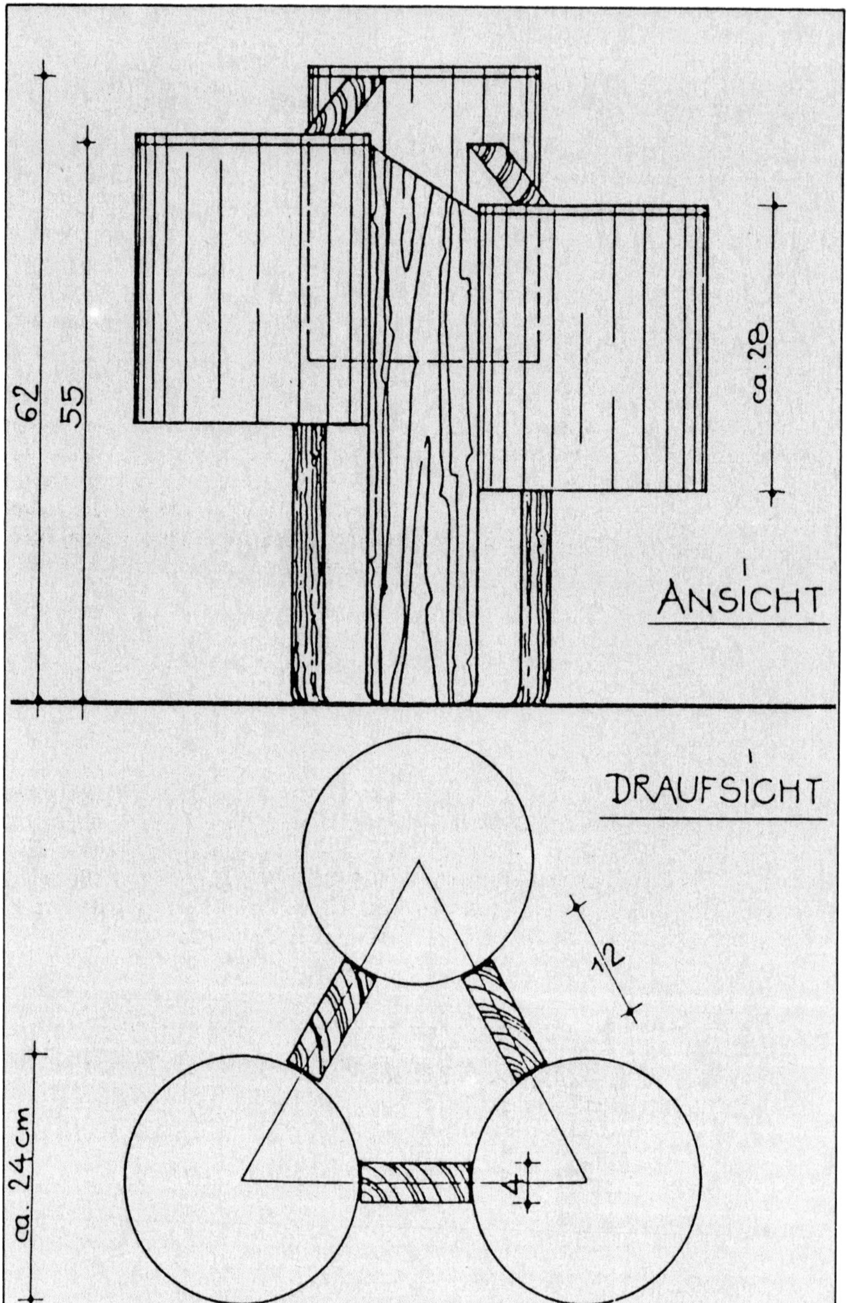
62
55
ca. 28
ANSICHT
DRAUFSICHT
12
4
ca. 24 cm

Mit einer Schmiege zeichnet man die Schräge auf den Massivholzbrettern ein und schneidet sie entsprechend der Linie ab.

Die Griffhalterungen an den alten Farbeimern durchschneiden und anschließend (wie bei Ölsardinendosen) aufrollen. Hierbei lösen sich die Halterungen (in den meisten Fällen) problemlos.

Dieser ebenso raffinierte wie schmucke Blumenständer könnte, liebevoll bepflanzt, auch in Ihrem Garten oder auf dem Balkon das vielbestaunte I-Tüpfelchen werden. Und zwar schon recht bald. Denn ihn bauen Sie am Wochenende. Unsere Fotos geben Ihnen die detaillierte Anleitung, unsere Zeichnungen einen ungefähren Einblick in die Maße. Denn schließlich wissen wir ja nicht, welche Größe Ihre alten Farbeimer daheim haben.

Materialliste

Pos.	Anz.	Bezeichnung	Maße in mm	Material
	2	Ständer	550 × 120 × 40	Fichte
	1	Ständer	620 × 120 × 40	massiv

3 Blumentöpfe, Blecheimer; 24 Holzschrauben, 4 × 35, verzinkt oder Messing; 24 passende Unterlegscheiben; Zweikomponentenkleber; Farbe nach Wahl.

Damit die Eimer im gleichseitigen Dreieck zueinander stehen, müssen die Punkte, an denen sie am Holz befestigt werden, genau markiert sein. Hierzu die Eimer am besten mit einem Metalldraht oder einer straffgespannten Schnur fixieren.

An den markierten Stellen können die Eimer jetzt mit Zwei-Komponenten-Kleber bestrichen werden.

Mit Holzschrauben (Unterlegscheiben nicht vergessen) die vorgebohrten Eimer auf den Massivholzbrettern befestigen. Das erfordert etwas Kraft, da Sie nur einen verhältnismäßig kurzen Schraubendreher einsetzen können.

Hier der Blumenständer im „Rohbau“, also noch unbehandelt. Ein farbenfroher Allwetteranstrich ganz nach Ihrem Geschmack komplettiert Ihr „Heimwerk“.

Die Karre

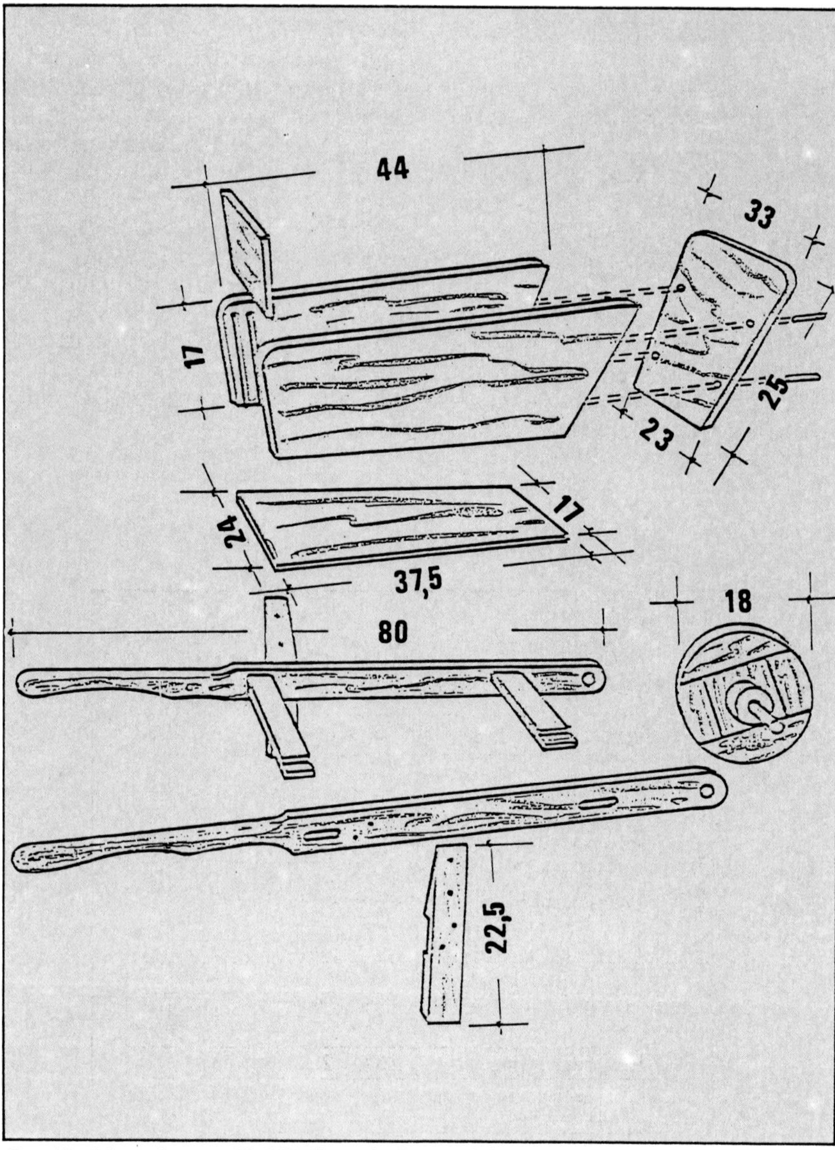

Das Rad besteht aus fünf Teilen. Auf das quadratische Mittelstück leimt man zuerst die kurzen und dann die langen Teile. Hat der Leim abgebunden, wird das Rad mit dem Durchmesser von 180 mm ausgesägt.

Auf der Mitte der Achse wird das Rad mit den Feststellringen befestigt. Dann verleimt man die Achse, vordere und hintere Strebe zum Grundrahmen und setzt die Grundplatte ein. Die Abstellstützen werden 41 cm von der Vorderkante auf den Holm geschraubt. Dadurch hat man eine gute Anlage für den weiteren Aufbau.

Schönes Holzspielzeug für Kinder oder dekorativer „Blumenkübel" für Wohnung oder Garten – vielleicht auch beides, wenn der Junior nämlich eines Tages beschließen sollte, die Schubkarre nicht mehr zu benutzen. Aushalten müßte die Karre den Nachwuchs schon, denn immerhin ist sie aus stabilem Eichenholz gefertigt und solide verarbeitet. Über den Verwendungszweck sollten Sie sich jedoch schon vor dem Bau der Schubkarre klarwerden, denn davon hängt ab, ob Sie wasserfesten Leim verwenden und wie die Oberflächen behandelt werden müssen.

Der Zusammenbau dieser Karre sieht komplizierter aus, als er ist. Schwierigkeiten können allenfalls die verschiedenen Schrägen machen; daher empfiehlt es sich, sehr genau nach den Maßen der Bauzeichnung zu arbeiten. Und noch etwas: Bitte denken Sie daran, alle Kanten und Ecken sehr sorgfältig abzurunden, wenn Ihr „Möbel" als Kinderspielzeug eingesetzt werden soll.

Für die Zapfenverbindungen gilt grundsätzlich: Ein Drittel plus ein Drittel plus ein Drittel – der Zapfen macht also ein Drittel der Holzstärke aus, je ein Drittel bleibt auf der Seite als Brüstung stehen.

Materialliste

Pos.	Anz.	Bezeichnung	Maße in mm	Material
1	2	Trageholme	800 × 40	Eiche 25 mm dick
2 3	1 1	Zarge Zarge	290 × 40 230 × 40	Eiche 20 mm dick
4 5 6 7	2 1 2 2	Stützen Radteil Mitte Radteile Rand Radteile Rand	225 × 40 90 × 90 90 × 50 190 × 50	Eiche 25 mm dick
8	1	Rundholz	210 × 15 ∅	Buche
9	1	Boden	375 × 240	Sperrholz 5 mm dick
10	2	Feststellringe	45 ∅ × 25	Eiche
11 12	2 1	Seiten Vorderteil	440 × 20 330 × 250	Eiche 20 mm dick
13	1	Rückteil	325 × 160	Eiche 15 mm dick
14	4	Leisten	160 × 8	Eiche 8 mm dick
15	4	Dübel	40 × 8	Eiche

4 Schrauben 3,5 × 35; 4 Schrauben 3,5 × 30; 4 Schrauben 3,5 × 20; 4 Schrauben 3 × 25.

Nachdem die Trageholme mit Schlitzen und die Querzargen mit den entsprechenden Zapfen versehen wurden, paßt man die Achslöcher in die schräglaufenden Holme. Auch die Zapfen werden mit Hilfe einer Schmiege schräg abgesetzt.

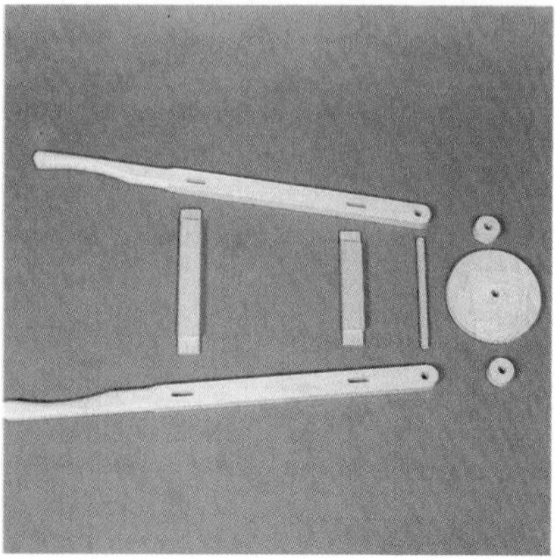

Die Griffe der Trageholme mit der Schweifsäge oder der elektrischen Stichsäge formgerecht ausschneiden. Vor dem Verleimen müssen alle Holzteile des Tragerahmens fertig sein. Zum Überprüfen der Paßgenauigkeit alle Teile provisorisch zusammenstecken.

Nachdem Sie das Rad verleimt und rund ausgesägt haben, montieren Sie die beiden Standstützen. Sie sind nach oben hin schräg abgewinkelt, damit die Seitenteile dann im Winkel von 106° stehen.

Zum Schluß wird die Karre verleimt. Wenn der Leim abgebunden hat, empfiehlt es sich, die vordere schräge Platte zusätzlich mit vier Dübeln zu sichern. Dann kommt das Wässern und Schleifen, Beizen und schließlich der Endlack.

Blumen im Achteck

Die 24 Fichte/Tanne-Leisten werden kreisförmig und ohne Boden angeordnet. Unser Kasten hat einen Durchmesser von 38 cm.

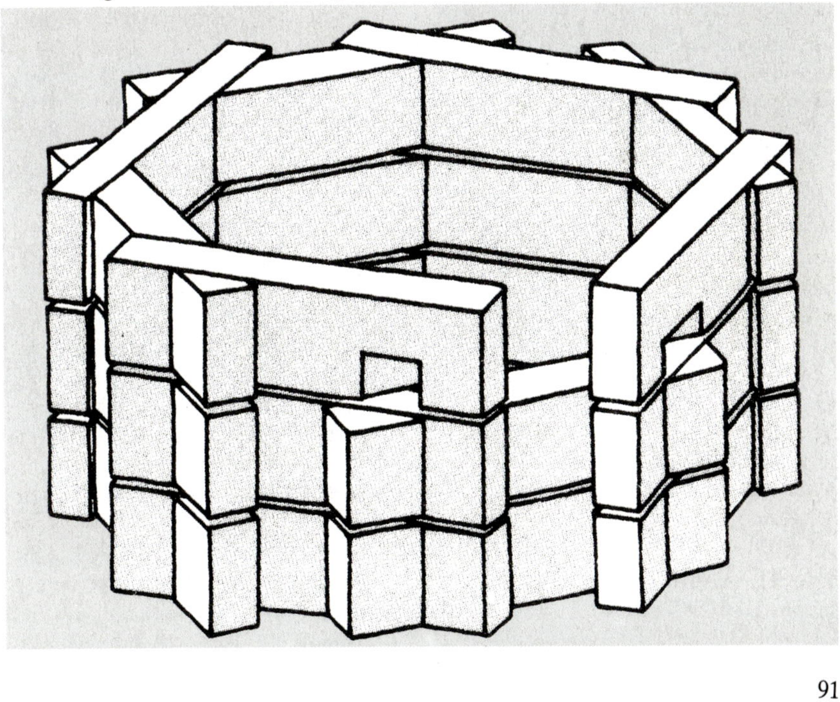

Der Zweck heiligt die Mittel: Wir haben nicht etwa vergessen, dem dekorativen Gebilde einen Boden zu „verpassen“; vielmehr wollten wir die Konstruktion so einfach gestalten, daß selbst ein Einsteiger mühelos damit fertig wird. Und simpler geht's wirklich nicht. Wie bei einem Baukasten werden die einzelnen Teile einfach ineinandergesteckt. In diesem Fall sind das genau 24 Fichte/Tanne-Leisten mit einem Querschnitt von 60 x 30 mm und 26,5 cm Länge. Am besten fertigen Sie erst eine Schablone und zeichnen darauf die 45-Grad-Aussparungen an. Diese aufs Holz übertragen, mit der Stichsäge einschneiden und mit dem Beitel bis exakt zur Mitte der Holzleisten-Dicke ausstemmen. Präzises Arbeiten ist fürs Gelingen Voraussetzung! Sind alle Leisten vorbereitet, verbindet man die einzelnen Lagen mit wasserfestem Holzleim und -dübeln. Diese dienen zum Stabilisieren und als Abstandshalter.

Mit der 45-Grad-Einstellung der Stichsäge schneidet man zunächst die Seiten ein.

Sämtliche Holzteile werden mit wasserfestem Holzleim verbunden.

Die einzelnen Ringe mit Holzdübeln fixieren. Die 10-mm-Löcher vorbohren.

Den Blumenkasten zuerst mit Holzgrund und dann mit weißem Acryllack streichen.

Das brauchen Sie, wenn Sie Ihrem Hang zum Beschwingten nachgeben wollen: zwei Vierkanthölzer 40 × 20 × 1200 mm, zwei Wäscheleinen aus Hanf, ein Strang Hanfgarn, eine dicke Nadel, 2,30 Meter blauen Markisenstoff (120 cm breit), Stoffreste in Weiß und Gelb, ein Päckchen Messingnägel, eine kleine Dose mit blauem Lack, Pinsel und Hammer.

Wenn Sie keinen dicken Holzbohrer besitzen, lassen Sie die erforderlichen Löcher gleich im Geschäft in die Vierkanthölzer bohren – jeweils zehn Zentimeter von den Enden. Dann die Hölzer zweimal mit Lack streichen. Den blauen Stoff 108 mal 228 Zentimeter groß zuschneiden und rundum zwei Zentimeter breit doppelt umsäumen (fertige Liegefläche 100 cm × 220 cm). Nach der Motivzeichnung Papierschablonen anfertigen, dann die Sonne aus gelbem, Wolke und Vögel aus weißem Stoff zuschneiden. Alle Motivteile auf die Liegefläche heften und mit enggestelltem Zickzackstich aufapplizieren. Zum Schluß die Matte mit Messingnägeln an die Hölzer nageln, die Leinen durch die Bohrlöcher ziehen, flechten und befestigen.

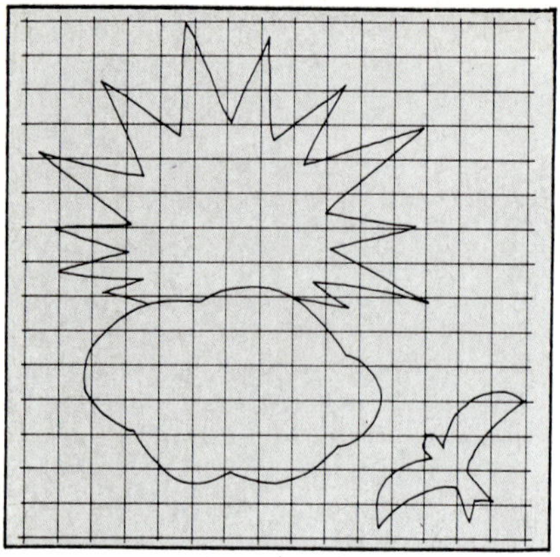

Alle Motivteile werden mit enggestelltem Zickzackstich aufappliziert. Natürlich bleibt Ihnen die Gestaltung selbst überlassen. Auf unserem Foto entspricht die Seite eines Quadrats fünf Zentimetern.

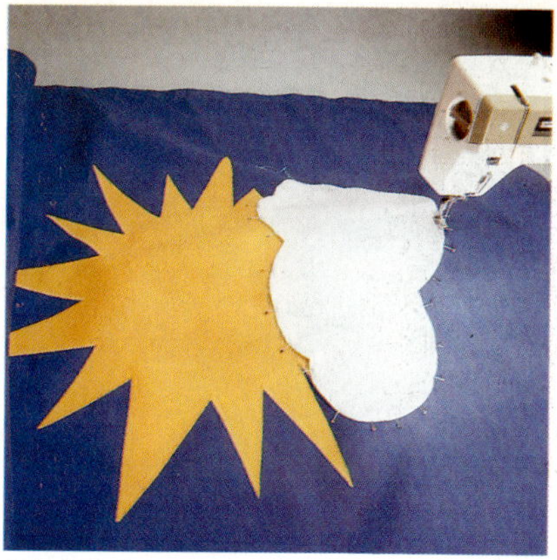

Die Wolken steppt man an der Ansatzlinie über die Sonne.

Der Markisenstoff wird mit den Messingknöpfen auf die Hölzer genagelt, dann zieht man die Leinen durch die Bohrlöcher . . .

. . . und flicht aus ihnen einen Zopf, dessen Enden fest vernäht werden müssen.